Es gibt tausend Möglichkeiten, Geld loszuwerden, aber nur zwei, es zu erwerben: Entweder wir arbeiten für Geld - oder das Geld arbeitet für uns.
(Bernard Mannes Baruch)

Das größte Risiko unserer Zeit liegt in der Angst vor dem Risiko.
(Helmut Schoek)

Lernen, ohne zu denken, ist eitel; denken, ohne zu lernen, gefährlich.
(Konfuzius)

Wir sind *ein* Volk, und einig wollen wir *handeln*.
(Friedrich von Schiller)

©2018 Vasily Nekrasov
http://www.yetanotherquant.com
https://letYourMoneyGrow.com
finanzmaster@gmx.net

Inhalt

Vorwort 3

Kapitel 0: Wie der Vater Staat Dich plündert 7

Kapitel 1: Aus nichts wird nichts 11

Kapitel 2: Zinseszins Wunder und der Irrtum der erwarteten Rendite. 25

Kapitel 3: Dein Weg zur Zielrendite: Fehler die Du vermeiden solltest 43

Kapitel 4: Dein Weg zur Zielrendite: Best Practice 65

Kapitel 5: Eigenheim (nicht nur) als Investment 81

Vorwort

Meine liebe Landsleute, ich habe zwei Nachrichten für Euch: eine Gute und eine Schlechte.

Wie es so üblich ist, fange ich mit der Schlechten an: Viele von Euch werden arm (im Rentenalter auf jeden Fall, aber wahrscheinlich auch früher). Und arm im Rentenalter zu sein ist wirklich schrecklich, das habe ich selbst erleben können, als die Sowjetunion zerbrach. Insbesondere viele Rentner mussten hungern. Ich selbst habe, Gott sei Dank, den Hunger nicht erfahren. Aber teilweise mussten wir uns davon ernähren, was wir auf unserem Grundstück anbauen konnten. Und Zwangsvegetarismus haben wir dadurch vermieden, dass meines Vaters Kollege – ein leidenschaftlicher Jäger – uns sein erlegtes Wildbret großzügigerweise schenkte...

Die gute Nachricht aber ist: Ihr könnt etwas dagegen tun. Nein, ich meine nicht etwa ein Ackergrundstück und ein Gewehr zu kaufen (obwohl es auch sinnvoll erscheint). Es geht darum, wie man ein finanzielles Vermögen aufbaut. Und was noch wichtiger ist, wie man sein Vermögen gegen (indirekte) Enteignung schützt (wie etwa die Nullzinspolitik der EZB).

Dabei sage ich sofort: ich biete Euch keine Wunderwaffe, also keine Lösung mit Erfolgsgarantie an. Aber ich werde Euch erklären, warum jene „Lösungen", die häufig als Wunderwaffe verkauft werden (langfristiges passives ETF Portfolio aufbauen, niedrige Zinsen ausnutzen und eine Immobilie „günstig" kaufen, usw.) tatsächlich riskant sind und Eure schwierige Lage noch verschlechtern können.

Und ich zeige Euch auch, wie man sein Geld so anlegen kann, dass es *höchstwahrscheinlich* Gewinn bringt, und zwar genug, um im Rentenalter noch einen angemessenen Lebensstandard zu genießen.

Um dieses Buch zu lesen müsst Ihr Euch nicht scheuen, mit Zahlen zu arbeiten. Die notwendige Mathe wird auf elementarem Niveau bleiben. Alles was Ihr braucht ist Fleiß, manche Berechnungen selbst durchzugehen. Zinseszins wird im Buch ausführlich erklärt; dieses Konzept musst Du unbedingt ausführlich begreifen. Auch musst Du die Erwartung bzw. den Mittelwert und die Volatilität (Standardabweichung) *intuitiv* verstehen. Es ist schön wenn Du diese auch berechnen kannst, aber Du musst es nicht, um die Aussagen dieses Buches zu begreifen und in die Tat umzusetzen. Und wenn ich einen weiteren Exkurs zum Gebiet der Wahrscheinlichkeitstheorie gebe und z.B. über die Normalverteilung spreche, reicht es die Grafik anzuschauen und zu sehen, dass die Theorie mit der Praxis gut übereinstimmt. Mein voriges Buch „Knowledge Rather than Hope" setzte "working knowledge of college mathematics" (also die Abitur) voraus. Die Praxis und das Lesers Feedback haben aber gezeigt, dass auch das für Otto Normalverbraucher viel zu viel ist (selbst wenn Otto hinter sich nicht nur die Abitur, sondern auch FH oder Uni hat). Na ja, was sonst könnte man erwarten wenn heutzutage selbst die Grundschüler nicht mehr aufstehen und „Guten Morgen, Herr Lehrer/Frau Lehrerin" sagen müssen, sobald die Lehrkraft den Klassenraum betritt. Und wenn man an den Universitäten die formalen und abstrakten Konzepte aus Mengenlehre von Anfang an unterrichtet, statt zuerst die Intuition dahinter und die praktischen Anwendungen zu zeigen... Wie dem auch sei, kommt schon jetzt die erste Anleger-Weisheit: Investitionen in die eigene Gesundheit und Bildung sind (fast) immer gewinnbringend! In diesem Sinne ist dieses Buch schon deswegen gut, weil es lehrt, keine schöner, aber inhaltsleerer Rede zu glauben, sondern mit Zahlen und Statistiken – eben den „harten Fakten" - zu arbeiten.

Zuletzt etwas kurz über mich, den Autor, und meine Motivation, dieses Buch zu schreiben. Mein Name ist Vasily Nekrasov, 38 Jahre alt, verheiratet, ein Kind. Geboren bin ich in Leningrad, UdSSR und bin im Jahre 2005 nach Deutschland *selbständig* ausgewandert: ich bin also kein Spätaussiedler, Kontinentalflüchtling oder ausländischer Ehegatte. Ich arbeitete in Russland als Webentwickler und habe genug Geld gespart um mein Studium in Deutschland zu finanzieren. Nach dem Abschluss des „Master in [quantitative] Finance" Programms an der Universität Ulm durfte ich lt. Zuwanderungsgesetz in Deutschland als hochqualifizierte Fachkraft arbeiten. Vor einigen Jahren ließ ich mich einbürgern und in die Spalte „Volkszugehörigkeit" habe ich *bekehrter Schwabe mit Russischer Abstammung* eingetragen. Auf dem langen Weg von der befristeten Arbeitserlaubnis bis hin zur Einbürgerung habe ich viel Feindlichkeit (und Inkompetenz) der Ausländerbehörde-Beamten erfahren aber Ihr, Deutsche - sei es Uni-Kommilitonen, Arbeitskollegen oder Nachbaren - wart fast immer nett zu mir. Und dafür schulde ich Euch was. Dem Vater Staat habe ich meine Schulden durch diverse Steuer längst getilgt. Aber dem Volk versuche ich erst jetzt mit diesem Buch zurückzuzahlen.

Das letzte Tropfen, welches mich zum Schreiben dieses Buchs bewegt hat, war die Veröffentlichung von „Handbuch Geldanlage: Aktien, Fonds, Anleihen, Festgeld, Gold und Co." von Stefanie & Markus Kühn bei Stiftung Warentest. 416 Seiten voller oberflächlichen und teilweise schädlichen Informationen. Ja, liebe Landsleute, nicht die Schokoladenfabrik aus meinem

Nachbardorf[1] füttert euch mit Schadstoffen, sondern Stiftung Warentest selbst. Nehmen wir z.B. das Kapitel "Zertifikate und Derivate". Ein gutes Finanzbuch würde statt den "Weg zum Zertifikat" zu beschrieben lieber erklären, warum Zertifikate (insb. sogenannte Knock-Outs) extrem toxisch sind[2]. Die 39,90 EUR für „Handbuch Geldanlage" investiert man besser anders, wie das dem Leser aktuell vorliegende Buch im Verlauf erläutern wird.

Klar, ist auch mein Buch nicht perfekt. Ich habe es absichtlich kurz geschrieben. Zwar werdet Ihr nicht die Antworten auf allen Geldanlage-Fragen hier finden aber es bringt Euch bei, die richtigen Fragen zu stellen und ggf. falsche (oder unvollständige) Antworten darauf zu spüren. Und ein vollständiges Program-Minimum mit dem „Kochrezept" *wird* in diesem Buch angeboten!

Ich habe das Buch so günstig wie möglich gepreist. Ich würde es gerne komplett kostenlos machen, leider zeigt die Praxis, dass man das Kontenlose häufig nicht schätzt. Deshalb lieber verlange ich von Euch den minimalen Preis, was Euch eher motivieren wird, das Buch doch zu lesen (wofür man bezahlt hat, tendiert man zu verbrauchen). Aber ich habe nichts dagegen, wenn z.B. ein armer Student sich zum privaten Zwecken eine Fotokopie davon erstellt oder wenn man sein eBook mit den Bekannten teilt[3]. Den Gewinn will ich nicht durch das Autorhonorar machen, sondern dadurch, dass ich manche von Euch als Stammleser bzw. Abonnenten von letYourMoneyGrow.com gewinne. Selbst wenn Ihr einmal im Monat die Werbung beachtet, bekomme ich durchschnittlich €1 pro Klick. 10000 Stammleser = €10000/mo., und dann droht mir die Altersarmut nicht mehr! Selbst wenn die Zahlen 100-mal überoptimistisch geschätzt sind, ist €100/mo. auch Wert, wie ich später zeige.

Auch werden manche von Euch evtl. wollen, mehr Finanzwissen zu erwerben. Dann stehe ich gerne zur Verfügung. Ich mache *keine* Finanzberatung, da ich überzeugt bin, dass niemand Eure finanziellen Ziele

---

[1] Ich meine Ritter Sport aus Waldenbuch. Stiftung Warentest hat mal behauptet: „die Schokolade das Aroma Piperonal enthalte, das künstlich hergestellt worden sei". Ritter Sport hat gerichtlich angefochten und gewonnen, auf den Schadenersatz hat das Unternehmen großzügig verzichtet.

[2] Mein Buch tut das mit den Beispielen, welche man im Internet selbst nachvollziehen kann, Wikifolio – ein Platform für Social Trading – sei Dank. Gleichzeitig wird gezeigt, wie asozial der „Social Trading" sein kann.

[3] Soweit man es unentgeltlich und direkt von Person A zu Person(en) B macht. Die illegale Massendistribution, insb. durch das Internet, ist verboten.

besser als Ihr selbst kennt. Aber ich *lehre*, diese Ziele zu erreichen und insb. die typischen Fehler und Fallen dabei zu vermeiden. Für die vermögenden Leser wird sich meine Lehre schnell rentieren. Und diejenigen, die [noch] nicht so viel Geld haben, um meinen teureren Stundensatz zu bezahlen, können die ausreichende Lösung in diesem Buch finden.

Bei den Berechnungen werden wir uns intensiv auf kostenlose online-Tools auf letYourMoneyGrow.com verlassen. Zur Vertiefung der Kenntnisse empfehle ich auch die ausgewählten Artikel auf letYourMoneyGrow.com zu lesen. Eine technische Anmerkung dazu: für Deine Bequemlichkeit brauchst Du die Webadressen nicht zu eintippen, sondern kannst hingegen einfach die QR-Codes scannen. Dummerweise geht es auf meinem Samsung Galaxy 6 mit dem in Browser eigebetteten QR-Code Scanner nicht immer. Aber mit dem App namens „Barcode Scanner" oder „Avira QR Scanner" klappt alles reibungslos.

Ich wünsche euch viel Erfolg mit dem Streben nach würdigem Wohlstand im würdigen Alter und vielen Dank im Voraus für Eure Aufmerksamkeit!

Für die Korrekturlesung danke ich herzlich Matthias S. und noch eine Person, die gewünscht hat, komplett anonym zu bleiben. Wenn es an manchen Stellen die Sprachfehler noch gibt, ist es ausschließlich meine Schuld. Mein herzlicher Dank geht auch an Philipp Leser, Mitbegründer von Data Cybernetics, wessen Leidenschaft an die quantitative Marktforschung mich stark inspirierte.

Kapitel 0: Wie der Vater Staat Dich plündert

„Grundsätzlich sind alle Arbeitnehmer *pflicht*versichert" – so steht es auf der Webseite der Deutschen Rentenversicherung[4]. Leider ist es so, dass die marktgerechte Leistung genau dort endet, wo eine *alternativlose* Pflicht[5] beginnt und das staatliche Rentensystem ist keine Ausnahme. Früher – mit geringerer Lebenserwartung und stärkerem Bevölkerungszuwachs – funktionierte das sogenannte Generationssolidaritätsprinzip: die Rentner werden von jetzigen Erwerbstätigen finanziert. Bei der jetzigen demografischen Entwicklung kann man die Generationssolidarität als gescheitert betrachten. Das bedeutet aber längst nicht, dass die Altersvorsorge nicht mehr möglich ist. „Lediglich" sollte der Staat den sukzessiven Übergang zum *Äquivalenzprinzip* schaffen. Dieses Prinzip läutet:

$$\boxed{\textbf{Barwert der Einzahlungen = Leistungsbarwert}}$$

und hat immer in der privaten (Renten)versicherung gegolten.

Wie berechnet man die *Bar*werte? Stark vereinfacht: normalerweise gibt es eine lange Zeitstrecke zwischen Beginn der Einzahlungen und Beginn der Leistungen (Du zahlst ein, sobald Du anfängst zu arbeiten; die Rente bekommst Du [wenn überhaupt] erst ab[6] 67). Den Barwert der Einzahlungen ist höher als bloß die Summe der Einzahlungen, weil Deine Einzahlungen *verzinst* werden (müssen). Endlich erreichst Du die Alter von 67. Mittels *Sterbetafel* kann man einschätzen, wie lang Du noch (erwartungsweise) leben wirst, für diese Zeit muss Deine Rente bezahlt werden. Gemäß der Sterbetafel 2012/2014 des statistischen Bundesamtes beträgt diese [bedingte[7]] Erwartung ca. 16 Jahre für Männer und 19 Jahre für Frauen. Da die Rentenzahlungen noch in

---

[4] https://www.deutsche-rentenversicherung.de/Allgemein/de/Navigation/2_Rente_Reha/01_Rente/01_allgemeines/01_wer_ist_pflichtversichert/00_wer_ist_pflichtversichert_node.html
[5] Vgl. mit gesetzlicher Krankenversicherung: die Pflicht besteht auch (und es ist gut so) aber es gibt auch eine Alternative: private Krankenversicherungen. Auch gibt es gewissen Wettbewerb zwischen gesetzlichen Krankenkassen. Deshalb ist auch die Leistung der gesetzlichen Krankenversicherung im Großen und Ganzen adäquat.
[6] Und es gibt keine Garantie, dass das Rentenalter nicht wieder angehoben wird!
[7] Diese Einschätzung gilt unter Annahme, dass man das Alter 67 erreicht. Aber es gibt keine Garantie, dass das geschieht, deshalb redet man über die bedingte Erwartung.

Zukunft liegen, werden die *diskontiert*[8]. Dadurch ist deren Barwert *niedriger* als die Summe aller Rentenzahlungen, die Du (erwartungsweise) bekommst.

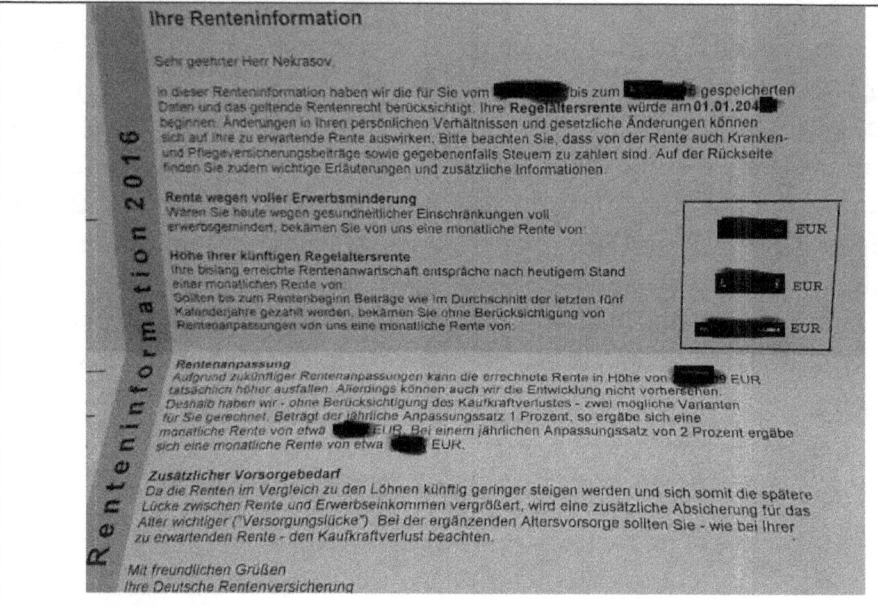

https://letyourmoneygrow.com/2016/12/04/rentenarmut-wie-der-vater-staat-mich-pluendert/

Dieser online Rechner kalkuliert ganz genau, wie Du geplündert wirst.

Abbildung 0.1 Renteninformation

Nun um zu verstehen, wie Dich der Vater Staat plündert, nimm deine letzte Rentenbescheinigung (Abbildung 0.1) sowie Deine Lohnabrechnungen. In den Lohnabrechnungen steht, wie viel Geld Du und Dein Arbeitgeber in die Rentenversicherung schon eingezahlt haben. Für die zukünftigen Zahlungen kannst Du die Werte aus der letzten Lohnabrechnung nehmen.

Berechne die Summe der geleisteten und zukünftigen Einzahlungen. Vergleiche das Ergebnis mit der Höhe der *versprochenen* Monatsrente,

---

[8] Diskontierung ist das Gegenteil der Verzinsung, beide werden im nächsten Kapitel erklärt.

multipliziert mit 12 und dann noch mit 16 (bzw. 19). Sehr wahrscheinlich wirst Du sehen, dass Du viel mehr einzahlst als Du bekommst. Und nicht vergessen: Hier vergleichen wir nur die plumpen Summen. Barwertig gesehen sieht alles noch schlimmer aus! Darüber hinaus geht es um die *Bruttorente*, welche (seit 2005) noch *besteuert*[9] wird. Ab 2040 beträgt der Besteuerungsanteil 100%! Also viel Spaß beim (Über)leben im Rentenalter!

Bedeutet es, dass die Teilnahme an gesetzlicher Rentenversicherung gar keinen Sinn macht? Nicht ganz. Etwas asozial (dafür aber sehr rational) wäre das Recht für die Mindestrente zu erwerben (aktuell muss man dafür 60 Monate lang Rentenbeiträge einzahlen). Und nun erlaube mir eine (wahre) Geschichte zu erzählen. In einer Griechischen Familie hat der Ehemann sehr gut verdient und sehr vorbildlich ins Rentensystem eingezahlt. Ihm wurde eine monatliche Rente von €3000 versprochen. Seine Frau hat nur gelegentlich gearbeitet und konnte lediglich mit einer monatlichen Rente von €1000 rechnen. Aktuell – nach der Rentenkürzung – bekommen die beiden jeweils €1000 im Monat. Moral: die Rente unter das Existenzminimum zu senken traut sich nicht jeder Staat (während hingegen alle Ex-Republiken der Sowjetunion in den 90er Jahren so verfahren haben). Aber die „reichen" Rentner zu enteignen – das tun alle Staaten gern.

Und wie sieht es mit der *betrieblichen Altersvorsorge* (bAV) aus, lohnt sie sich? Grundsätzlich nur wenn der Arbeitgeber etwas dazu zahlt (und am besten nicht die mageren 20%, sondern fetten 100% Zuschuss). Ansonsten lohnt sich die bAV beim jetzigen Garantiezinsniveau kaum. Viel besser ist dieses Geld langfristig (gern in Aktien) anzulegen, wie wir demnächst sehen werden. Und lasse Dich nicht mit Argumenten wie „Steuerbefreiung" bzw. „mehr netto von brutto" ins Bockshorn jagen: bei bAV geht es nicht um Steuerbefreiung, sondern lediglich um die *nachgelagerte* Besteuerung. Steuern wirst Du nämlich von Deiner bAV-Rente zahlen. Zwar ist die nachgelagerte Besteuerung normalerweiser vorteilhaft, aber der

---

[9] https://www.deutsche-rentenversicherung.de/Allgemein/de/Navigation/2_Rente_Reha/01_Rente/04_in_der_rente/01_rentenbesteuerung/00_01_rentenbesteuerung_wie_besteuert_wird_node.html

Effekt[10] ist nicht so groß wie man erwarten möchte. Und vergiss nicht: Die gesetzliche Rente wird zumindest Inflationsangepasst, die private normalerweise nicht!

Endet die Plünderei mit der Rentenbesteuerung?! Längst nicht! Vor 2009 war es möglich, steuerfrei zu investieren: Wer die Aktien mindestens ein Jahr und einen Tag lang gehalten hat, musste keine Steuer auf Kursgewinne zahlen. Seit 2009 kassiert der Vater Staat die Kapitalertragssteuer, obwohl die Mehrheit von uns die Einkünfte aus Arbeit (gar nicht risikolos) anlegen, welche schon satt besteuert wurden. Den Effekt der Kapitalertragsbesteuerung spürt man sehr wohl, wie die Musterberechnung im Folgekapitel zeigt (Tabelle 1.1). Die nachhaltige Investition lohnt sich aber für die Altersvorsorge trotzdem.

Last but not least gibt es eine indirekte aber wohl die härteste Plünderei: die Nullzinspolitik! Dadurch werden nicht nur die Sparer enteignet, auch werden Immobilien unbezahlbar, da solch niedrige Zinsen die Preise nach oben treiben. Und barwertig gesehen verlieren die meisten Hypothekenschuldner von hohen Preisen viel mehr als sie von den niedrigen Zinsen profitieren. Darüber hinaus entsteht noch extremes Zinsänderungsrisiko, welches Viele aus Mangel an Verständnis fatalerweise ignorieren. Deshalb muss man auch mit Immobilienerwerb äußerst vorsichtig sein. Jedoch lohnen sich die eigenen vier Wände im vielen Fällen, diesem Tatbestand widmen wir das letzte Kapitel.

---

[10] Detaillierte Analyse kannst Du anschauen unter https://letyourmoneygrow.com/2017/08/02/ode-deferred-withholding-tax/

Kapitel 1: Aus nichts wird nichts

Bevor wir anfangen zu überlegen, wie Ihr Eures Geld am besten anlegen könnt, muss eins klar sein: *aus Nichts wird Nichts!* Wenn Du genug Geld hast, z.B. eine großzügige Erbschaft, dann kannst Du dieses Kapitel überspringen. Ansonsten musst Du klar verstehen: selbst wenn Du die Rendite von 6% oder sogar von 10% p.a. *nachhaltig* machst, wird es Dir nicht viel bringen wenn Dein Kapital geringfügig ist.

Zählen wir ein bissle! (Ja, ich habe doch im Vorwort gesagt: keine Angst vor Zahlen! Und sei nicht demotiviert, wenn Du die folgende Berechnung nicht auf Anhieb im Detail begreifen kannst, wir werden alles in Folgekapiteln ausführlich erklären).

Also: die durchschnittliche Lebenserwartung in (Süd)Deutschland beträgt 80 Jahre für Männer und 84 für Frauen[11]. Sei es um einen 40-jährigen Mann[12] gehen und man(n) gehe in die Rente bei 65 Jahren[13]. Nehmen wir an, man spart €3600 jährlich und legt sein Geld unter 6% p.a. an. Dann wird sich sein Vermögen gemäß der Tabelle 1.1 entwickeln. Am Ende hat man 166622 EUR. Verteilt man es auf die restlichen 15 Lebensjahre, so *hat man im Monat 926 EUR!* Damit kann man schon (über)leben, insb. wenn man noch etwas von der gesetzlichen Rente bekommt.

Natürlich ist es eine vereinfachte Betrachtung. Den steuerlichen Aspekt haben wir berücksichtigt (Bürger, ich empfehle ich Dir zu beachten, wie der Vater Staat Dich mit der Kapitalertragsteuer ausplündert; vor 2009 gab es diese Plünderei nicht!). Aber die Kaufkraftsenkung durch die Inflation haben wir erst einmal vernachlässigt (die Inflation werden wir im Kapitel 4 betrachten). Anderseits haben wir auch nicht berücksichtigt, dass man nach seinem 64. Lebensjahr noch Zinserträge hat: man braucht nicht sofort das ganze Geld, sondern macht jeden Monat eine Entnahme. Und

---

[11] https://www.welt.de/politik/deutschland/article139906795/In-diesen-Bundeslaendern-leben-Sie-am-laengsten.html
[12] Ausschließlich weil es einfacher ist, mit der runden Zahl 80 zu kalkulieren.
[13] Das Rentenalter beträgt 67 Jahre ab 2031 – und wird wahrscheinlich noch weiter erhöht. Ich bezweifele aber, dass man(n) allein aus gesundheitlichen Gründen so lang schaffen kann.

natürlich solltest Du Dich fragen, ob die 6% Rendite p.a. eine realistische Annahme ist (Tipp: Mit einem Sparbuch oder Tagesgeldkonto ist sie das gewiss nicht).

Jahr	Sparrate	Summe Ersparnisse	Brutto Zinsertrag	Zinsertrag abzgl. Steuer	Gesamt vermögen	Gesamt vermögen abzgl. Steuer
40	3.600 €	3.600 €	0 €	0 €	3.600 €	3.600 €
41	3.600 €	7.200 €	216 €	216 €	7.416 €	7.416 €
42	3.600 €	10.800 €	661 €	661 €	11.461 €	11.461 €
43	3.600 €	14.400 €	1.349 €	1.349 €	15.749 €	15.749 €
44	3.600 €	18.000 €	2.294 €	2.256 €	20.294 €	20.256 €
45	3.600 €	21.600 €	3.511 €	3.362 €	25.111 €	24.962 €
46	3.600 €	25.200 €	5.018 €	4.676 €	30.218 €	29.876 €
47	3.600 €	28.800 €	6.831 €	6.207 €	35.631 €	35.007 €
48	3.600 €	32.400 €	8.969 €	7.964 €	41.369 €	40.364 €
49	3.600 €	36.000 €	11.451 €	9.959 €	47.451 €	45.959 €
50	3.600 €	39.600 €	14.298 €	12.200 €	53.898 €	51.800 €
51	3.600 €	43.200 €	17.532 €	14.700 €	60.732 €	57.900 €
52	3.600 €	46.800 €	21.176 €	17.469 €	67.976 €	64.269 €
53	3.600 €	50.400 €	25.254 €	20.519 €	75.654 €	70.919 €
54	3.600 €	54.000 €	29.793 €	23.863 €	83.793 €	77.863 €
55	3.600 €	57.600 €	34.821 €	27.514 €	92.421 €	85.114 €
56	3.600 €	61.200 €	40.366 €	31.485 €	101.566 €	92.685 €
57	3.600 €	64.800 €	46.460 €	35.791 €	111.260 €	100.591 €
58	3.600 €	68.400 €	53.136 €	40.446 €	121.536 €	108.846 €
59	3.600 €	72.000 €	60.428 €	45.465 €	132.428 €	117.465 €
60	3.600 €	75.600 €	68.374 €	50.865 €	143.974 €	126.465 €
61	3.600 €	79.200 €	77.012 €	56.663 €	156.212 €	135.863 €
62	3.600 €	82.800 €	86.385 €	62.876 €	169.185 €	145.676 €
63	3.600 €	86.400 €	96.536 €	69.523 €	182.936 €	155.923 €
64	3.600 €	90.000 €	107.512 €	76.622 €	197.512 €	166.622 €

Tabelle 1.1 Vermögensentwicklung eines Sparplans. Annahmen: Jährliche Sparrate €3600 (nachschüssig), Rendite p.a. 6%, Kapitalertragsteuer 26.475% und jährlicher Freibetrag €801

Alle diesen Fragen werden wir im Laufe des Buchs betrachten. Jetzt beschäftigen wir uns mit der wichtigsten Frage: *kann man jedes Jahr €3600 sparen und wenn ja, wie?* Denn ohne positive Antwort auf diese Frage ergeben weitere Fragen keinen Sinn: aus Nichts wird Nichts! Zum Glück kann diese wichtigste Frage fast immer mit „ja" beantwortet werden! Grundsätzlich gibt es zwei Möglichkeiten: *mehr verdienen und/oder weniger ausgeben.*

Fangen wir mit *mehr verdienen* an. An dieser Stelle muss der bekehrte Schwabe Euch, Deutschen, einen schweren Vorwurf machen:

> **Ihr seid sehr schwerfällig, einen besseren Job zu suchen, was viele Arbeitgeber zu Eurem Nachteil ausnutzen!**

Ich selbst habe im Jahre 2007 als Softwareentwickler mit einem Gehalt unter €40000 angefangen. Selbst im 2007 war das sehr wenig für mein Profil: Master Abschluss und mehrjährige Berufserfahrung[14] mit spezifischen Branchenkenntnissen im Finanzwesen. Während der ersten zwei Jahre machte ich mir diesbezüglich wenig Sorgen, weil ich der Firma für den Job sehr dankbar war (sonst müsste ich aus Deutschland ausreisen) und meine Arbeitserlaubnis war ebenfalls an die Firma gebunden[15]. Aber nach zwei Jahren habe ich meinen Chef deutlich darauf hingewiesen, dass meine Bezahlung nicht meiner Leistung entspricht. Dabei appellierte ich nicht daran, dass ich kurz davor war, Vater zu werden und deswegen mehr Geld brauche, sondern daran, dass mein Gehalt unter meinem Marktwert lag *und* ich mindestens das Doppelte der Firma brachte. Mein Chef nickte eifrig, entschuldigte sich aber damit, dass er über Gehaltserhöhungen nicht selbst entscheiden könne. Ich war aber hartnäckig und sagte: *Du verlangst von mir meine Aufgaben sehr gut zu erledigen. Genau das*

---

[14] in Russland, aber Softwareentwicklung ist überall gleich… Na ja, nicht ganz, z.B. muss man – wegen kultureller Unterschiede - sehr aufpassen, wenn man nach Indien die Softwareentwicklung auslagert. Aber russische Softwareentwickler sind (oder zumindest waren dank des sowjetischem Bildungssystem) die besten in der Welt.

[15] Diese Bindung war sehr wohl rechtswidrig. Aber nicht nur meine eigene Erfahrung zeigt, dass die ABh-Beamten den hochqualifizierten Fachkräften aus Drittwelt jeden Stein im Weg legen. Ist doch offensichtlich: die belasten das Sozialsystem nicht, belästigen die Frauen nicht, haben niedrige Kriminalitätsrate, so was haben die in Deutschland zu suchen?!

erwarte ich auch von Dir, und Deine Aufgabe ist es, dem Geschäftsführer meinen Wert zu erklären.

Leider hat mein damaliger Vorgesetzter diese Botschaft nicht ernst genommen... und wurde entsprechend vor vollendete Tatsachen gestellt, indem ich mit deutlicher Erhöhung meines Gehalts in eine andere Firma wechselte. Interessanteweise war es eigentlich ein interner Wechsel im Mutterkonzern!

Mein Fall ist nicht als „Aufruf zum Jobhüpfen" zu verstehen, Jobwechsel ist wirklich das letzte Mittel. Zuerst musst Du alles tun um Deinem Chef Deinen Wert zu zeigen. Wenn Dein Chef Dich wirklich schätzt, wird er die Mittel finden, deinen Wert auch geldlich zu würdigen (oder ist er eine schlechte Führungskraft). Z.B. habe ich den folgenden Fall erlebt: ein Niederlassungsleiter durfte zwar keine Gehälter erhöhen, hat aber Kita-Zuschüsse, Tankgutscheine und Vermögenswirksame Leistungen eingeführt. So etwas ist häufig sogar vorteilhaft, da mehr Netto von Brutto!

Falls Dein Chef Dich doch nicht schätzt und der Wechsel zum einen besser bezahlten Job für Dich aus irgendwelchen Gründen (welchen, um Gottes Willen?) nicht in Frage kommt, kannst Du Dir einen zusätzlichen Minijob auf €450 Basis suchen oder fange mit nebenberuflicher Selbständigkeit an[16]. Dabei musst Du nicht unbedingt putzen oder Geschirr abwaschen. Lieber den Nebenjob nehmen, welcher Deinem Hobby entspricht. Ich selbst habe mal das IT System einer kleinen Firma gepflegt, weil mit Computern zu basteln mein Hobby ist. Eine Bekannte von mir jobbt im Schuhgeschäft, weil sie Spaß hat, Kunden zu beraten. Ein weiterer Freund von mir ist leidenschaftlicher Koch und hat damit einen guten Nebenverdienst.

Natürlich könnte man sagen, dass es manchmal viel schwerer ist, das Einkommen zu erhöhen als ich es hier beschreibe. Z.B. wie kann eine alleinerziehende Mutter noch einen Nebenjob nehmen? Wird natürlich schwer, aber sie kann z.B. mit einer anderen alleinerziehenden Mutter kooperieren, so dass man abwechselnd alle Kinder babysittet... Wenn Du noch wüsstest, wie die ausländischen

---

[16] Hier brauchst Du die Genehmigung Deines Arbeitgebers, was normalerweise kein Problem ist, insb. wenn Dein Arbeitgeber Dein Gehalt nicht erhöht kann oder will.

Studenten in Deutschland mal überleben müssen, würdest Du sofort einverstanden sein, dass es (fast) keine hoffnungslosen Lagen gibt!

Noch ein Beispiel? Meine Großmutter hat erzählt: als der Zweite Weltkrieg ausbrach, wurde sie nach Kasachstan evakuiert. Gleichzeitig wurden nach Kasachstan viele Russlanddeutsche vertrieben: man lieferte sie im Winter der Steppe aus und nun war ihr Problem zu überleben. Dabei hatten sie nur das, was sie im Handgepäck mitnehmen konnten bzw. durften. Und zum Kriegsende hatten diese Russlanddeutschen[17] nicht nur das Brot, sondern auch die Butter! Die Butter haben sie nicht verkauft, Milch aber schon. Und mit dieser Milch hat meine Großmutter meinen Vater zugefüttert.

Was ich persönlich noch schlimmer als ein schlechter Ausgangspunkt finde, sind die Zustandsverschlechterungen, welche früher in Deutschland wohl kaum denkbar waren. Könnte man sich noch vor zwanzig Jahren vorstellen, dass *die EnBW die Gehälter um 6.3% kürzt*[18]?! Und das ist die Energiebranche, die (bisher) als sicherer Hafen galt! Weniger bekannt aber noch drastischere Geschichte erzählte mir mein Kumpel, der bei der Firma RBS (Regiobus Stuttgart) als Busfahrer schaffte. RBS, das Tochterunternehmen von DB, hat ihre Mitarbeitern relativ gut bezahlt, konnte aber deswegen nicht mit solchen Busunternehmen konkurrieren, die ihre Busfahrer aus neuen EU-Ländern zu niedrigen Löhnen anstellen. So wurden die RBS Mitarbeiter quasi gezwungen, zur einen anderen Firma *mit Gehaltsenkung* zu wechseln! Aber längst nicht alle verhielten sich wie Schafe, die zum Schlachthof getrieben werden! Manche haben den Job gewechselt (ein Busfahrer kann auch einen LKW fahren), manche haben sich selbständig gemacht. Aus dieser Lektion musst Du lernen: *mit der Globalisierung sind der deutsche "Sozialismus" und solche Sachen wie sichere Anstellung vorbei*! Aber sei nicht demotiviert: wenn Du noch unter 40 und relativ gesund bist, hast Du alles in Deinen Händen: alles was Du machen musst ist Deine Qualifikation ständig zu steigern und Dich nicht zu eng spezialisieren. Nimm mich als Vorbild: ich bin leidenschaftlicher Quant (Finanzmathematiker). Mein Steckenpferd ist quantitatives Risiko- und Anlagemanagement. Aber

---

[17] Diejenige, die überlebt haben. *Sirvivorship Bias* (der Überlebensirrtum) ist das große Problem bei der Aktien- und Fondauswahl und das werden wir besprechen.
[18] www.energie-chronik.de/170307.htm

ich kenne mich auch mit der Versicherungsmathematik, Energiehandel, Datenanalyse/Statistik, sowie Softwareentwicklung aus. Aktuell bin ich … arbeitslos! Ja-ja, mein letzter Arbeitgeber (der mich durch einen Headhunter abgeworben hat) fand mich am Ende zu teuer. Deshalb wenn Du über den Fachkraftmangel in Deutschland hörst, geht es nicht um die Fachkräfte an sich, sondern um die Fachkräfte, die bereit sind, sich billig zu verkaufen! Aber ich bin in keiner Weise deprimiert: ich suche aktiv nach einem neuen Anstellungsverhältnis *in der Schweiz*: Dort kann sich der Deutsche genau so verkaufen, wie sich in Deutschland die Bürger aus dem Ex-Ostblock verkaufen und ich bin ein großer Anhänger der *wahren* Schweizer Demokratie. Darüber hinaus gibt es in der Schweiz (für Privatinvestoren) keine Abgeltungssteuer für Kursgewinne. Gleichzeitig recherchiere ich Richtung Selbständigkeit. Und natürlich investiere ich in meine eigene Bildung und Gesundheit: lerne Python[19], mache viel Sport, werde mich bald zum gründlichen Gesundheitscheck anmelden, usw. – letztes Endes habe ich Zeit dafür!

Weniger auszugeben ist auch ein effizienter Weg, das Kapital zu schaffen. Trotz meinem niedrigen Gehalt am Berufsanfang war ich imstande, jeden Monat mehr als €1000 zu sparen! Mein Budget sah etwa so aus:

Monatsbudget		
Gehalt (Netto)	2.000 €	
Warmmiete		300 €
Lebensmittel		150 €
Strom		30 €
Fitness		20 €
Sonstiges		100 €
Auto		-
Monatskarte		-
Urlaub		-
Versicherungen		-
Ersparnis	1.400 €	

Die Angaben sind approximativ: da ich das Geld nie verschwende, brauchte ich auch keine Zeit für Budgetführung zu verschwenden. In

---

[19] Jeder Data Scientist soll die statistische Software R und die Programmiersprache Python beherrschen. Mit R bin ich Experte aber wegen Zeitmangels bin ich bisher nicht dazu gekommen, Python gründlich zu lernen.

großen und ganzen stimmen die Zahlen, denn kann ich mich klar daran erinnern: nach 2 Jahren Berufsleben habe ich mehr als €30000 auf meinem Konto... Natürlich, sind das die Zahlen aus 2008-2009, die nach 10 Jahren mit Vorsicht wahrzunehmen sind. Vor allem ist es sehr schwer, eine Anliegerwohnung für €300 selbst ländlich zu mieten (zumindest dort, wo es die Arbeitsplätze gibt). Darüber hinaus haben sich die Strompreise fast verdoppelt[20]. Und was Lebensmittel anbetrifft, so ist der Preisanstieg auch heftig. Z.B. mag ich mit körnigem Frischkäse frühstücken, welcher damals €0.39 kostete und nun beträgt der Preis €0.59! Last but not least war die „Versicherungslosigkeit" keine bewusste Sparmaßnahme, sondern reines Unwissen: Rechtschutz- und Haftpflichtversicherung braucht man in Deutschland auf jeden Fall[21]. Aber sonst ist alles nach wie vor gültig!

Ok, ich weiß, dass für Euch, Deutschen, der Urlaub heilig ist. Mir aber reichte, mit Kumpeln das Schöneswochenende-Ticket zu kaufen und zum Bodensee zu fahren. Selbst wenn Du auf die Meerküste nicht verzichten willst, überlege Dir gut ob Du all-inklusive wirklich brauchst. Man kann z.B. ein Apartment mieten, wo man auch kochen kann. Dadurch wird nicht nur Geld gespart, sondern ist man auch flexibler, da man auf Hotel-Mahlzeiten nicht angewiesen ist. Ich würde sogar ein Ferienhaus auf der griechischen Insel Kos kaufen (und würde dort als Rentner gerne umsiedeln) aber ich habe Angst vor Enteignung bzw. Steuerplünderei. Aktuell werden die Immobilienbesitzer in Griechenland stark „gemolken" und zwar nach dem Prinzip: *damit eine Kuh weniger frisst und mehr Milch bringt muss man sie mehr melken und weniger füttern.* Auch Deutschland kennt eine ähnliche Praxis: um die Hyperinflation zu stoppen *wurden zu Gunsten der Deutschen Rentenbank die Immobilien von Landwirtschaft, Industrie und Gewerbe zwangsweise mit Hypotheken und Grundschulden belegt*[22]. Also hat man die Schulden zugeschrieben bekommen, welche man nie gemacht hat! Damals hat Vater Staat diese Schulden nicht verlangt, aber...

---

[20] Und weißt Du warum? Wegen der Umlagen für Energiewende. Also, wenn Du ein Luxushaus mit dem Solarpanel auf dem Dach siehst, solltest Du wissen, dass Du dieses Solarpanel mit deinen Stromkosten auch mitfinanziert hast.
[21] Welche Versicherungen man noch brauchen kann und welche man auf jeden Fall nicht braucht, werden wir demnächst betrachten.
[22] https://de.wikipedia.org/wiki/Rentenmark

Ein Bekannter von mir mag reisen und die Welt schauen. Dabei bucht er nie einen „Packeturlaub", sondern kauft selber das Flugticket und reist mit dem Rucksack. Dadurch wird nicht nur gespart, sondern hat er von seiner Reise mehr: letzten Endes will er die Welt sehen. Falls Du doch den Strandurlaub willst aber egal welcher Strand, kann für Dich der Kauf eines Ferienhäusles in Frage kommen. Eine Bekannte von mir hat so etwas in der Nähe von Ostsee gekauft (und hat dazu Glück gehabt, nicht nur auf Urlaub in Ausland zu sparen, sondern auch von steigenden Immobilienpreisen zu profitieren).

Auch Autos können für Euch heilig sein, aber im Endeffekt sind die nichts anders als Stinker und Geldfresser! Die KFZ Steuer und Versicherung bezahlst Du unabhängig davon ob Du fährst oder nicht – und das sind mehrere Hundert Euro im Jahr. Der Sprit ist auch nicht billig (vor allem wegen der Ökosteuer) aber im Vergleich mit Bahnpreisen noch im Rahmen. Absolutes No-Go aber sind die Reparaturkosten! Ich habe den großen Fehler gemacht, einen (Sch)mercedes zu kaufen. „Experten"[23] meinten, die Autos von Daimler seien zuverlässig und ich – weil ich mich damit nicht auskenne – habe geglaubt und gekauft, obwohl man ein japanisches Fahrzeug zum halben Preis kaufen könnte. Klar *waren* die Autos von Gottlieb Daimler und Karl Benz[24] zuverlässig. Aber diese Riesen sind in Deutschland längst ausgestorben, es blieben nur solche Zwerge wie Dieter Zetsche! Mit meinem Schmercedes geht ständig etwas kaputt (und am meisten Elektronik, nicht Mechanik)! Und jedes Mal bedeutet es mehrere hundert Euro zu zahlen (selbst wenn man die „Junger Stern Garantie" hat)! Ohne Auto schönst Du nicht nur Dein Geldbeutel, sondern auch die Umwelt und deine eigene Gesundheit, zumindest wenn Du zu Fuß oder mit dem Rad zur Arbeit kommen kannst[25]. Du kannst auch bei Deiner Krankenversicherung nachfragen, ob sie Dir einen Bonus dafür gibt, insb. wenn Du privat [zusatz]versichert bist. Man redet von dem Bierbauch, ich würde eher

---

[23] Erinnere Dich immer daran, bevor Du den „Finanzexperten" glaubst ohne Ihre Empfehlungen kritisch zu überprüfen.
[24] Im Wesentlichen war Karl Benz deswegen der Riese, weil hinter ihm seine Ehefrau Bertha stand. U.a. ließ sie sich vorzeitig ihre Mitgift auszahlen, um mit diesem Kapital ihrem Verlobten Carl Benz die Weiterführung seines Unternehmens zu ermöglichen!
[25] Falls Du mit Bus/Bahn fahren musst, würde ich das wegen Grippe-Ansteckungsgefahr nicht so eindeutig behaupten.

von dem Autobauch sprechen – diesen haben viele Bekannten von mir bekommen, als die den Führerschein gemacht haben. Klar wenn man ländlich wohnt (wie ich selbst), ist das Auto häufig (aber auch nicht immer) ein Muss. Aber wenn es ohne geht, denk dran davon los zu werden! Und wenn Du das Auto doch ab und zu spontan brauchst, dann *make use of a CarSharing Service*!

> Dummerweise wohne ganz in der Nähe von Sindelfingen und habe viele Bekannten, die bei Daimler schaffen. Aber man braucht kein „Insider" zu sein um die Misere dieses Unternehmens zu sehen. Der Fisch stinkt vom Kopf her, und es reicht zu betrachten, was Herr Dr. Zetsche sagt. Z.B. wollte er Flüchtlingen anstellen. Gesagt wurde „sie seien hochmotiviert"[26] (zu verstehen: „sie sind billig und werden die Klappen zuhalten"). Offensichtlich ist nichts davon geworden[27].
>
> Mal meinte er bei dem Projekt „Startup Autobahn", die hardwareorientierten Projekte sollen im Vordergrund stehen: „Software allein wird einen nicht von A nach B bringen"[28]. Na ja, dass der Doktoringenieur Z. nicht weißt, dass in Weltraum-Wettbewerb die Sowjetunion seinen Hardware-Rückstand mit Software-Superiority ausgeglichen hat, ist zwar verwerflich, kann aber verziehen werden. Aber er weißt wohl auch nicht, dass der „jüngste" Durchbruch in Computer Vision und Pattern Recognition – ohne welchen die selbstbefahrenen Autos noch längst Science Fiction bleiben würden – vor allem an Software und Algorithmen (Convolutional Neural Networks) liegt. Klar sind diese neuronale Netzwerke auf solche Hardware wie GPUs besonders effizient. Aber die GPUs können lediglich den Ablauf beschleunigen, dabei liegt eine effiziente Implementierung des (parallelisierten) Algorithmus auch im Softwarebereich.
>
> *Deshalb – obwohl die Daimler Aktie im Sinne vom KGV sehr günstig ist, eignet sie sich m.E. nur für die gelegentlichen Spekulationen, aber in keinem Fall für die Investition!*
>
> **Daimler als Anti-Vorbild der Deutschen Misere**

---

[26] https://www.focus.de/finanzen/news/sie-sind-hoch-motiviert-daimler-chef-zetsche-fluechtlingswelle-koennte-neues-wirtschaftswunder-ausloesen_id_4946873.html
[27] http://www.freiewelt.net/nachricht/daimler-will-keine-fluechtlinge-einstellen-10069017/
[28] https://www.stuttgarter-zeitung.de/inhalt.kooperation-mit-start-ups-daimler-will-neue-ideen-finden.24c54b9b-fcd6-4bc5-b440-40dd1e14d13e.html

Am meisten Sparpotential gibt es bei den Rauchern. €3600 jährlich zu sparen bedeutet €300 monatlich zur Seite zu legen. Aber was kostet eine Zigarettenschachtel?! Mindestens €5! Wenn Du jeden Tag eine Packung verbrauchst, verrauchst Du 30*€5 = €150 monatlich, also da ist schon die Hälfte der notwendigen monatlichen Sparrate! Und in 30 Jahren beträgt die gesparte Summe €54000! Damit kann man zwar kein Häusle (in Schwabenland) finanzieren aber z.B. eine 3-Zimmer Wohnung in Magdeburg kann man z. Zt. zu solcher Preis kaufen!

Wer rechtzeitig mit Rauchen aufhört (und das angesparte Geld nachhaltig anlegt), kann damit ein Häusle bauen. Alternative ist, aus leeren Zigarettenschachteln was zu bauen ☺

https://letyourmoneygrow.com/2017/11/04/rauchen-ist-todlich-und-macht-arm/

Dabei sparst Du nicht nur das Geld, sondern tust auch etwas für Deine Gesundheit! Klar gibt es einzelne Raucher, die länger als Nichtraucher leben aber in großen und ganzen zeigen die Sterbetafeln eindeutig: *Rauchen ist tödlich!* Manchen Rauchern fehlt der Wille damit aufzuhören, wie z.B. meinem Schwiegervater... bevor er Krebs bekommen hat! Gott sei Dank, wurde er erfolgreich behandelt und danach hat er den Willen gefunden, mit Rauchen aufzuhören. Es blieb nur eine rhetorische Frage, ob er das nicht früher machen sollte.

Auf jeden Fall muss man die Einkommensteuererklärung machen. „In neun von zehn Fällen gibt es eine Steuererstattung – *durchschnittlich 900 Euro*"[29] (900 Euro finde ich ein bissle überschätzt, aber 600 - 700 kann man locker herausholen). Es geht auch ohne Steuerberater, alles was Du dafür brauchst ist die Steuersoftware für maximal €20. Apropos, diese Steuersoftware kann auch von Steuern abgesetzt werden, darüber hinaus gibt es auch kostenlose Versionen. Und wenn Du gar kein Bock hast, Dich damit zu beschäftigen, dann beauftrage doch einen Steuerberater. Aber nicht für ein festes Honorar, sondern für die Hälfte davon, war er/sie von dem Staat für Dich zurückholt. Ein Kumpel von mir verdient mehr als €100000 pro Jahr, ist viel beruflich unterwegs, muss sich ständig weiterbilden, und so weiter und sofort. Dabei bleibt von diesem Geld nicht viel übrig, weil Hausfrau mit zwei Kindern viel kostet. Ich habe ihm mehrmals darauf hingewiesen, dass in seinem Fall sich die Steuererklärung definitiv lohnen würde, aber vergeblich. Na ja, jedem das Seine...

Was die Versicherungen anbetrifft, so lassen sie sich als *Risiko-* und *Kapitalbildende-*Versicherungen klassifizieren.

> **Risiken solltest Du mit der Versicherung abdecken, aber nur diejenige, die Du sonst nicht abdecken kannst!**

Deshalb ist z.B. die *Haftpflichtversicherung* ein absolutes Muss (sie kostet normalerweise nicht viel). Auch die *Rechtschutzversicherung*

---

[29] https://www.finanztip.de/steuererklaerung/

empfehle ich (und zwar bei dem Versicherer, bei welchem Du keine anderen Versicherungen hast, da um z.B. den Haftpflichtversicherter zur Leistungsauszahlung zu bringen kannst Du die Leistung von dem Rechtschutzversicherer brauchen). Scheue eine angemessene Selbstbeteiligung nicht, denn damit wird es im Endeffekt günstiger[30]. Die *Risikolebensversicherung* empfehle ich auch, wenn Du die abzusichernden Hinterbliebenen hast. Gegen die *Berufsunfähigkeitsversicherung* würde ich eher abraten: die sind teuer und die Leistungsfälle werden ungerne anerkannt.

Was die Krankenversicherung anbetrifft, so empfehle ich in der gesetzlichen Krankenkasse zu bleiben. Wenn Du die mitversicherten Familienmitglieder hast, ist der Vorteil offensichtlich. Aber auch wenn nicht, kann die Privatversicherung langfristig sehr teuer werden. Wenn Du willst, kannst Du eine private *Zusatz*versicherung kaufen. Aber sei auch vernünftig, z.B. lohnt es wohl sich nicht, für die Zahnversicherung jedes Monat €40 auszugeben. Stattdessen spare (und investiere) dieses Geld selbst und wenn Du mal einen Implantat brauchst, kannst Du es selber zahlen. Hingegen kann die *Unfall*versicherung Sinn machen: z.B. wenn Du alle Zähne im Autounfall verlierst, wird es schwer aus eigener Tasche zu zahlen.

Was Du auf jeden Fall **nicht** brauchst sind die Handy-, Reiserücktritt- und ähnliche Versicherungen. Vergiss nicht: der Versicherer muss auch was verdienen, deshalb kann zwar im Einzelfall eine solche Versicherung für Dich profitabel sein, aber am Ende wirst Du mehr ausgeben als bekommen. Ein Handybruch oder Reiseausfall ist zwar empfindlich, aber das kannst Du aus eigener Tasche locker abdecken! Insb. gilt das für Handys, weil die so schnell veralten und an Wert verlieren.

Was die Kapitalbildende-Versicherungen anbetrifft, so möchte ich nicht dagegen *pauschal* schlechtreden. Fakt ist aber, dass die Kosten häufig hoch und die Bedingungen intransparent[31] sind. Das gilt auch

---

[30] Ohne Selbstbeteiligung neigen die Versicherten zu *behavioral hazard* (Unvorsichtigkeit, Fahrlässigkeit), deshalb sind die Tarife ohne Selbstbeteiligung überproportional teurer.

[31] Als Beispiel empfehle ich Dir diesen Case Study zu lesen https://letyourmoneygrow.com/2017/01/20/indexgarant-von-sv-sparkassenversicherung-teil-ii-enttauschung/

für die staatgeförderten Riester und Rürup: als ich als (Junior)-Aktuar gearbeitet habe, war es sogar für die Seniorkollegen sehr schwer alle Details zu nachvollziehen[32]. Es kann aber Sinn machen, Dein Kapital zu *verrenten*[33].

Was ich aber in keinem Fall empfehle, ist geizig zu sein auf die Heizung, Wasser oder sowas zu sparen. Wir, die [bekehrten] Schwaben sind sparsam aber nicht geizig, weil der Geizige häufig den doppelten Preis bezahlt! Heizung auf Null drehen und dabei selber krank zu werden oder das Kind krank zu machen? Nein, danke! Das Klo nur „sparsam" spülen so dass der Kot im Klo fließt? Nein, danke! Alte Lichtkörper mit LED ersetzen?! Das kann Sinn machen aber Du musst nie vergessen: *Du willst nicht den Strom, sondern Dein Geld sparen!* Und wenn Du die LEDs im Fachhandel kaufst, wird es häufig nicht der Fall sein. Hingegen, wenn Du die LED auf Ebay aus Hongkong bestellst... wird die Hälfte davon sofort ausfallen, aber die sind so günstig, dass selbst dann es das Geld wesentlich spart.

Auf jeden Falls musst Du – bevor Du sparst – schnelle Rechnung in Kopf machen und einschätzen, ob es ich lohnt. Nehmen wir als Beispiel diese LED: im Wohnzimmer habe ich zwei Kronleuchter mit 10*20W und 20*10W Halogenlampen. Durchschnittlich sind die Lampen 6 Stunden am Tag an, jeden Tag verbrennen sie also 2,4 KWh. Pro KWh zahle ich €0.28 Euro, so wenn ich den Energieverbrauch halbiere, spare ich 1,2*0,28*365 = *122,64 Euro im Jahr*. Dazu kommt noch, dass die LED (selbst die unzuverlässigen aus Hongkong) im Durschnitt länger funktionieren, als die Halogenlampen. Und es gibt die Ersatzmöglichkeit nicht nur im Wohnzimmer – also, auf zum Ebay!

Anderseits habe ich mal in Frankfurt das Zimmer bei einer Familie untermietet, welche den Internet-Router jede Nacht ausgeschaltet hat (und mir dadurch viel Ärger machte). Der Router verbraucht 20Watt/h, also im Jahr wurde 12*365*20/1000*0,28=24,5 Euro gespart. Lohnt sich m.E. kaum!

---

[32] Insb. was sei die "schädliche Verwendung" und was nicht.
[33] In unserem obigen Rechenbeispiel haben wir angenommen, dass man(n) bis 80 Jahre lebt. Aber er kann auch länger leben. Verrentung seines Kapitals würde das Langlebigkeitsproblem lösen.

Zum Ausklang möchte ich den folgenden Fall erzählen. Eine Bekannte von mir arbeitet in Ludwigsburg, wohnt aber zentral in Stuttgart, da sie „den Rhythmus der großen Stadt" mag. Im Endeffekt zahlt sie deutlich mehr für die Miete, atmet Feinstaub ein und verschwendet ihre Zeit und Geld für tägliche Fahrerei. Hätte Sie die Wohnung in Ludwigsburg gemietet, so würde sie nicht nur viel Geld sparen sondern auch mehr Zeit haben um „den Rhythmus der großen Stadt" zu genießen. Offensichtlich, wäre es besser, ab und zu nach Stuttgart am Abend zu fahren (die Züge fahren auch in der Nacht) als jeden Tag zu pendeln...

Bei Investoren unterscheidet man zwei Arten von Risiken: Systematische (die man eingehen muss um mehr Rendite zu haben) und Idiosynkratische (die keine oder sogar die negative Rendite mitbringen). Genauso kann man die Ausgaben unterscheiden: diejenige, welche mehr Lebensqualität mitbringen und welche nicht. Der oben beschriebene Fall ist ein klares Beispiel einer idiosynkratischen Ausgabe.

Kapitel 2: Zinseszins Wunder und der Irrtum der erwarteten Rendite

Ich bin mir sicher, Du kennst Dich mit dem Zinseszins aus. Trotzdem werden wir – vollständigkeitshalber – Dein Wissen auffrischen und ergänzen.
Ein Euro heute ist besser als ein Euro in einem Jahr, letzten Endes kann man nicht sicher sein, dass man in einem Jahr noch lebt. Deshalb wenn man das Geld ausleiht, hat man Recht am Ende mehr zu bekommen[34]. Sei das Anfangskapital gleich K und sei der (jährliche) Zinssatz gleich z. Dann bekommt man in einem Jahr sein Geld plus Zinsertrag zurück, d.h. $K + zK = K(1+z)$. Natürlich kann man sein Kapital reinvestieren. Bleibt der Zinssatz für das nächste Jahr unverändert, bekommt man am Ende des zweiten Jahrs sein Kapital $K(1+z)$ und den angelaufenen Zins $zK(1+z)$ zurück: $K(1+z) + zK(1+z) = (K+zK)(1+z) = K(1+z)(1+z) = K(1+z)^2$

Analog kann man für n Jahren berechnen und man bekommt

$$K_n = K(1+z)^n$$

Formel 2.1 Zinseszins nach n Jahren

Es ist übliche Praxis, mit Jahreszins zu rechnen aber offensichtlich gilt die Formel 2.1 für beliebige Zeitperioden. So wird häufig (unrealistisch) versprochen, dass eine Handelsstrategie 3% *monatlich* generieren kann. Ich weiß nicht, warum bei Scharlatanen diese Zahl so beliebt ist[35], aber 3% im Monat kommt häufig vor. Dabei kann man häufig den Scharlatan dadurch erkennen, wie er den Monatszins in den Jahreszins umrechnet, und zwar: 12 * 3% = 36%. Das ist natürlich

---

[34] Etwa so haben die Wirtschaftsphilosophen den Zins begründet. Lang war der Zins nicht nur die ökonomische, sondern vor allem die moralische Sache, siehe https://de.wikipedia.org/wiki/Zinsverbot

[35] Siehe z.B. https://letyourmoneygrow.com/2018/01/28/finanzieller-analphabetismus-ist-auch-unter-profis-keine-ausnahme/

falsch, lt. Formel 2.1 gilt $(1 + 0.03)^{12} = 1.4257$, also 3% monatlich sind 42,57% jährlich[36].

Und wie rechnet man, wenn die Periodenanzahl nicht ganzzahlig ist? Üblich ersetzt man die ganze Zahl n mit einer reellen Zahl t und für jede beliebige Zeit t gilt dann

$$K_t = K(1+z)^t$$

Formel 2.1.a Zinseszins in stetiger zeit

wobei man in der Formel 2.1.a unter z immer den *Jahreszinssatz* versteht (Verallgemeinerung für eine beliebige Periode ist auch möglich, macht aber keinen praktischen Sinn).

Von der *Verzinsungs*-Formel 2.1.a bekommt man

$$d_t = \frac{1}{(1+z)^t}$$

Formel 2.1.b Diskontfaktor

Ist eine Zahlung P_t erst in Zukunft zum Zeitpunkt t fällig, multipliziert man die mit d_t um deren *Barwert* zu kalkulieren.

Beispiel: eine Nullkuponanleihe (Zerobond) zahlt ihren Nennwert bei Fälligkeit zurück, sonst gibt es keine Zahlungen. Was ist der Barwert (Fairpreis) der Nullkuponanleihe bei $z=3\%$, $t=30$ Jahre und Nennwert=100 EUR? Lt. Formel 2.1.b gilt: $\mathrm{Barwert} = 100/(1.03)^{30} = 49.20$ EUR

Um den Barwert einer Kuponanleihe (oder generell einer Folge der Zahlungen) zu kalkulieren brauchen wir die passenden Diskontfaktoren für jede Zahlung. Weil die Zinssätze (bzw. die Diskontfaktoren) normalerweise nicht konstant sind, sondern mit der Zeit steigen (bzw. fallen), wird die Aufgabe viel komplizierter. Dafür brauchen wir erstmals die *Zins- bzw. Diskontkurve* zu fitten[37].

---

[36] Man schreibt häufig "p.a." (per annum)
[37] In meiner letzten Anstellung hat sich unsere Abteilung fast ausschließlich mit der Erstellung von Zinskurven beschäftigt.

Hingegen um die Rendite einer Kuponanleihe zu kalkulieren, muss man lediglich die folgende Gleichung für r lösen, wo P für den Marktpreis (bzw. den Barwert[38]) der Kuponanleihe und c_i für die *i*-te Kuponzahlung steht.

$$P = \frac{c_1}{(1+r)^{t_1}} + \frac{c_2}{(1+r)^{t_2}} + \ldots + \frac{c_n}{(1+r)^{t_n}}$$

Um die Rendite (Effektivzins) eines Sparplans zu ermitteln löst man im Prinzip dieselbe Gleichung, nur die Schreibweise ist etwas unterschiedlich (endwertig statt barwertig), da die Sparraten nun in Vergangenheit liegen.

$$P = S_1 \cdot (1+r)^{t_1} + S_2 \cdot (1+r)^{t_2} + \ldots + S_n \cdot (1+r)^{t_n}$$

Hier ist P der aktuelle Marktwert Deines Fondbestandes und S_i steht für die *i*-te Sparrate. Beachte, dass für die Gültigkeit der Formel weder die Sparraten noch die Zeitabstände zwischen denen gleich sein müssen.

Aufgabe: Falls Du einen Sparplan hast, kalkuliere seine Rendite mit unserem OnlineRechner: https://letyourmoneygrow.com/2018/03/05/rendite-rechner/
Erreichst Du (mehr als) 6% p.a. damit? Wenn nicht, überprüfe woran das liegt: mangelnde Wertentwicklung des Fonds, hohe Gebühren, oder?

Das Problem mit den Formeln 2.1.a und 2.1.b ist es, dass man diese „ohne höheren Mathematik" nicht wirklich anwenden kann: versuche z.B. nach diesen Formeln mit $K=1$, $z=6\%$ und $t=\frac{1}{12}$ ohne Taschenrechner zu kalkulieren! Und man musste die Zinseszinsen auch vor der EDV-Epoche rechnen können. Deshalb hat man einfachheitshalber in diesem Beispiel häufig so gemacht:

---

[38] Es ist so: für die (liquiden) Finanzinstrumente gibt es normalerweise den Marktpreis. Für manche aber nicht und dann müssen wir ihre Barwerte rechnen um die beste Einschätzung derer Marktpreise zu bekommen. Wie schon gesagt, rechnet man die Barwerte mittels einer Diskontkurve. Diese Kurve ermittelt man aus Anleihen und Zinsswaps, wessen Marktpreise bekannt sind.

$$K_{\frac{1}{12}} = \left(1 + \frac{0.06}{12}\right) = 1.005$$

Wie Du schon weißt, steht es nicht in Einklang mit Formel 2.1 denn $1.005^{12} = 1,0617 \neq 1.06$ Aber wie Du sehen kannst, ist der Unterschied wirklich minimal (und bei *kleinen* Zinssätzen das ist immer der Fall). Du kannst aber auch sehen, dass je häufiger das Geld auf deinem Konto verzinst wird, desto besser für Dich (obwohl der Unterschied bei kleinen Zinsen auch klein ist).

Albert Einstein sagte, der Zinseszins sei das achte Weltwunder und es gibt zwei Arten von Leuten: diejenige, die den Zinseszins begreifen und damit verdienen und diejenige, die ihn zahlen. Das Problem ist es: uns fehlt die Intuition dahinter. Historisch können wir die Geschwindigkeit und Beschleunigung (also lineares und quadratisches Wachstum) gut einschätzen. Diese Fähigkeit stammt noch aus den Zeiten, als wir die Tiere (und nicht die Rendite ☺) gejagt haben. Auch heutzutage brauchen wir diese Fähigkeit, z.B. im Straßenverkehr. Aber der Zinseszins wächst exponentiell, also [auf Dauer] *viel* schneller.

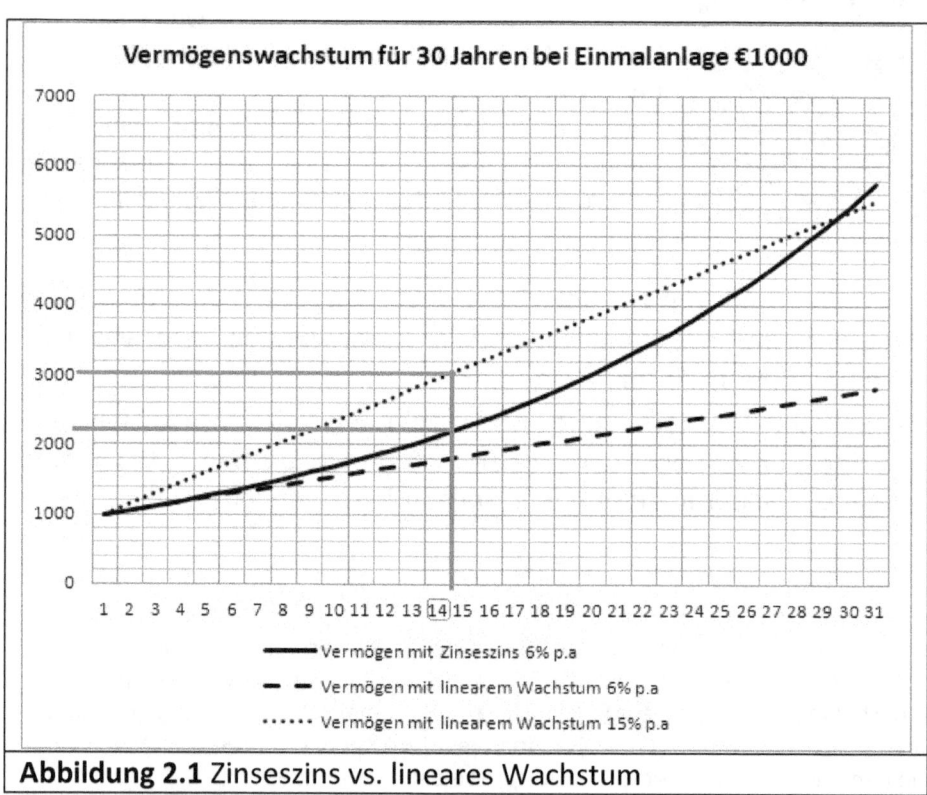

Abbildung 2.1 Zinseszins vs. lineares Wachstum

Wir haben auf der Abbildung 2.1 angenommen, dass wir €1000 für 30 Jahre unter 6% p.a. anlegen. Aber was bedeutet eigentlich „unter 6% p.a." anzulegen?! Es gibt mindestens zwei möglichen Varianten. Du kannst ein Termingeldkonto eröffnen und dann werden Deine Zinserträge wieder verzinst (deshalb spricht man über den Zinseszins). Oder Du kannst eine Kuponanleihe kaufen, welche Dir jedes Jahr 6% des Nominalwerts zahlt und am Ende wird der Nominalwert zurückerstattet. In diesem Fall gibt es keinen Zinseszins[39] und Dein Vermögen wächst „lediglich" linear, also deutlich langsamer. Zum Vergleich haben wir auch die Grafik des 15%-linearen Wachstums skizziert und man sieht, dass es auf Dauer durch 6% Zinseszins überholt wird. Jedoch wenn man kurz- bzw. mittelfristig investiert, kann ein höheres lineares Wachstum bevorzugt sein[40].

Und nun frischen wir auf, wie man die Grafiken abliest. Auf der horizontalen Achse (auch „X-Achse" genannt) liegt die Anzahl der gelaufenen Jahre. Auf der vertikalen Achse („Y-Achse") liegen die Werte des angesparten Vermögens. Jeder Vermögenswert ist der entsprechenden Jahresanzahl eindeutig zugeordnet. Auf die Grafik wird beispielsweise gezeigt, wie man den Vermögenswert nach 14 Anlagejahren für den Zinseszins 6% p.a., sowie für lineares Wachstum mit 15% p.a. findet. Man zieht die Senkrechte von „14" auf X-Achse bis diese die Grafik der entsprechenden Funktion kreuzt. Von diesem Kreuzpunkt zieht man die Waagerechte, bis diese die Y-Achse kreuzt. Schließlich liest man den (Vermögens)Wert auf der Y-Achse ab. Für 15% lineares Wachstum beträgt dieser[41] €3000 und für 6% Zinseszins €2200.

Wollen wir diese Werte überprüfen! Den Vermögenswert für den Zinseszins-Fall berechnen wir mit Formel 2.1: $1000 \cdot (1 + 0,06)^{14} = 2260,90$ und für lineares Wachstum gilt die

---

[39] Hier haben wir eine starke Vereinfachung gemacht, dass die Anleihe immer *at par* (genau zum Nominalwert) gekauft und verkauft werden kann. Auch die Aussage „es gibt keinen Zinseszins" ist nicht ganz korrekt, weil die Kuponauszahlungen reinvestierbar sind (jedoch gibt es keine Garantie, dass man die wieder unter 6% reinvestieren kann).

[40] Allerdings: Der einzige praktische Fall, welcher mir einfällt und nicht nach Zocken riecht ist wie folgt: wenn Du ein *hochprofitables aber nicht skalierbares* Geschäft hast, dann kann für Dich besser sein, in Dein Geschäft anstatt der Aktien zu investieren (und die Gewinne jedes Jahr zu entnehmen).

[41] Aufgabe: was beträgt der Vermögenswert für 6% lineares Wachstum?

Formel $K_n = K(1+nz)$ also $1000 \cdot (1 + 14 \cdot 0.15) = 3100$ Hoppla, stimmt nicht ganz und warum ist so?! Weil Excel die Gitter nicht ganz geschickt geplottet hat, allein deswegen, weil alle drei Funktionsgrafiken im Punkt[42] (0; 1000) anfangen sollten. Aber kritisch ist das nicht, die Grafiken sollen eher das Gesamtbild anschaulich zeigen und genaue Werte kalkuliert man immer nach der Formel[43].

Bisher haben wir angenommen, dass der Zins für alle Jahre gleich bleibt. Aber es gibt auch die sogenannten Staffelzinsen. Sei der Zinssatz für das erste Jahr gleich z_1 und für das zweite Jahr gleich z_2. In diesem Fall kalkuliert man wie folgt: in einem Jahr beträgt das Vermögen $K(1+z_1)$ und es wird zum Zinssatz z_2 reinvestiert. Dann hat man am Ende des zweiten Jahres $K(1+z_1)(1+z_2)$. Allgemein gilt

$$K_n = K \prod_{i=1}^{n}(1 + z_i)$$

Formel 2.2 Vermögenswert für gestaffelte Zinssätze

wobei $\prod_{i=1}^{n}(1+z_i) = (1+z_1)(1+z_2) \cdot \ldots \cdot (1+z_n)$

Wie man sofort sieht, sind die Formeln 2.1 und 2.2 für den Fall $z_1 = z_2 = \ldots = z_n$ identisch.

Und was passiert wenn die Zinssätze (oder besser zu sagen die Erträge bzw. die Renditen[44]) zufällig sind?! Z.B. ist es mit den Aktien der Fall: man weißt nie im Voraus[45], ob der Aktienkurs steigt oder fällt. Wie kalkuliert man den Vermögenswert in diesem Fall?! Im Prinzip genauso wie bei Formel 2.2 aber nur *retrospektiv*, mit den *historischen* Renditen. Den zukünftigen Vermögenswert kann man nicht kalkulieren, weil die zukünftigen Renditen zufällig sind. Aber man kann diese Renditen mittels *Monte-Carlo* Methode simulieren und die *Wahrscheinlichkeitsverteilung* des Vermögenswerts einschätzen. Keine Angst, Du musst das nicht selbst machen, auf letYourMoneyGrow.com steht das Toolbox dafür kostenlos zur Verfügung. Alles was Du

---

[42] Und nicht etwa im Punkt (0,5; 1000)
[43] Oder iterativ, wenn es keine Formel gibt (z.B. gibt es für den Effektivzins eines Darlehens im Allgemeinen keine Formel).
[44] Man bezeichnet die mit r_i statt z_i, ansonsten bleibt die Formel 2.2 unverändert.
[45] Es sei denn, man ist Insider. Aber Insider-Handel ist strafbar.

brauchst ist das Simulationsergebnis verstehen zu können (und das ist nicht schwieriger als die Grafiken abzulesen).

Nun werden wir noch einen (den letzten für dieses Kapitel) mathematischen Begriff einführen, welcher uns hilft, den großen Irrtum der historischen Durchschnittsrendite zu begreifen. Wie Du Dich daran erinnerst, war die wichtige Frage aus Kapitel 1, ob wir die Rendite von 6% p.a. nachhaltig erreichen kann. Na ja, häufig hört man, dass die langfristige historische Rendite beim DAX oder DowJones ca. 6% p.a. ausmacht; u.a. sagt das auch der Comic auf der Rückseite dieses Buchs. Und obwohl die Vergangenheit kein verlässlicher Indikator für Zukunft ist, kann man hoffen, dass die zukünftige Rendite auch 6% bleibt, zumindest wenn man genug langfristig anlegt. Aber was ist eigentlich die durchschnittliche Rendite?! Ist das $(r_1 + r_2 + \ldots + r_n)/n$ wo n für Jahresanzahl steht und $r_1, r_2, \ldots, r_n$ sind die (historischen) Renditen für entsprechende Jahre? Nein, diese Vorgehensweise ist falsch! Wie Du bei der Formel 2.2 siehst, wirken die Renditen auf das Vermögen nicht additiv, sondern *multiplikativ*! Deshalb muss man nicht den arithmetischen, sondern den *geometrischen* Mittelwert betrachten, und zwar gilt

$$\bar{r} = \sqrt[n]{\prod_{i=1}^{n}(1 + r_i)} - 1$$

Formel 2.3 Durchschnittsrendite

Wenn Du Dich vielleicht noch aus deiner Schulzeit erinnerst, gilt geometrischer Mittelwert ≤ arithmetischer Mittelwert. Selbst wenn der Unterschied einige Promille ausmacht, kann es auf Dauer eine große Bedeutung haben, wie die Abbildung 2.2 zeigt.

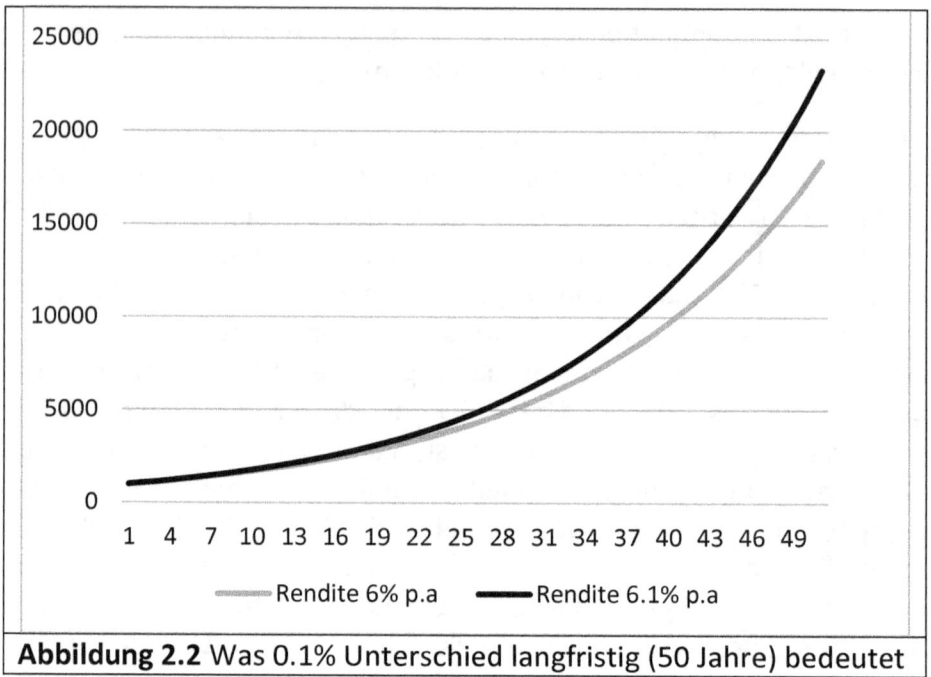

Abbildung 2.2 Was 0.1% Unterschied langfristig (50 Jahre) bedeutet

Dummerweise kann der Unterschied viel größer sein! Als reales Beispiel betrachten wir die durchschnittliche DAX Rendite für 2008 - 2010. Fassen wir das, was wir auf der Abbildung 2.3 sehen in einer Tabelle zusammen (beachte dabei, wie man die historischen Renditen berechnet).

Datum	DAX Kurs	Historische Rendite im vorigen Jahr
02.01.2008	8000	
02.01.2009	5000	5000/8000 - 1 = -37,5%
04.01.2010	6000	6000/5000 - 1 = +20%
03.01.2011	7000	7000/6000 = +16,6%

Tabelle 2.1 DAX Jahresrenditen für 2008, 2009 und 2010

Der arithmetische Mittelwert beträgt
$(-37,5\% + 20\% + 16,6\%)/3 = -0.3\%$

Der geometrische Mittelwert ist aber
$\sqrt[3]{(1-0,375)(1+0,2)(1+0,166)} = -4.37\%$!

Und tatsächlich: $(1-0,0437)^3 \approx 0,875 = 7000/8000$

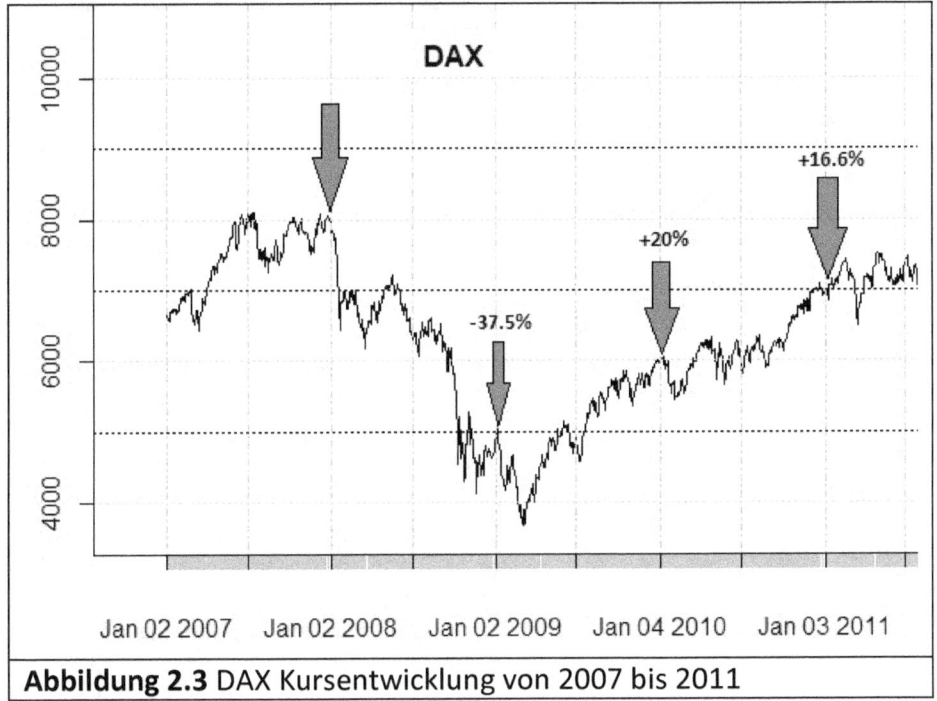

Abbildung 2.3 DAX Kursentwicklung von 2007 bis 2011

Es kann aber noch krasser sein! Stell Dir mal vor, eine Aktie ist zuerst +100% gewachsen und dann -66% gefallen. Beispiel?! Jede Menge, z.B. Nordex. Dann lt. der arithmetischen Rendite sollte die Aktie im noch Plus sein, denn $(100\% - 66\%)/2 = +17\%$. Schön wär's aber das Chart zeigt was anders und in der Tat:

$$\sqrt{(1+1,00)(1-0,66)} - 1 = -17.54\% \text{ bzw.}$$
$$(1 - 0.1754)^2 - 1 = -32\% \approx 10/15 - 1$$

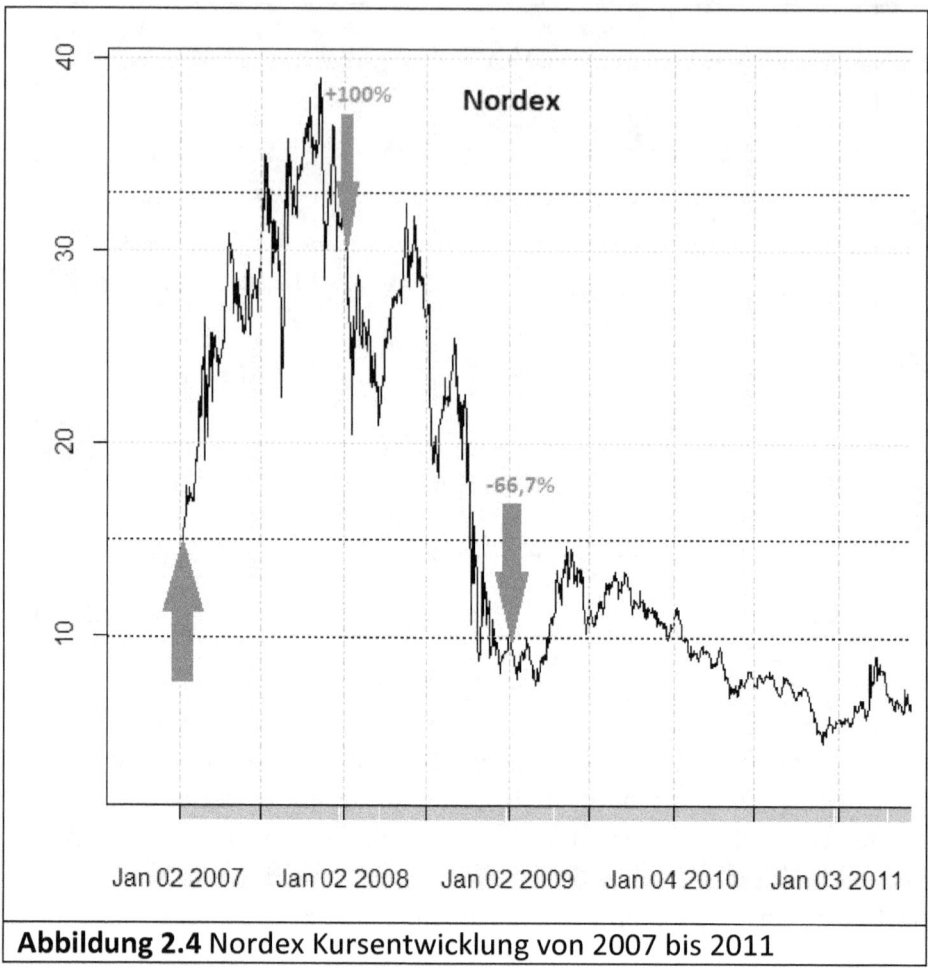

Abbildung 2.4 Nordex Kursentwicklung von 2007 bis 2011

Nun lege ich eine Tabelle vor, welche jeder Trader und Investor **auswendig** lernen muss. Unter Angabe, dass der Kurs um **x** Prozent gefallen ist zeigt **y**, um wie viel Prozent der Kurs steigen muss um die Verluste auszugleichen.

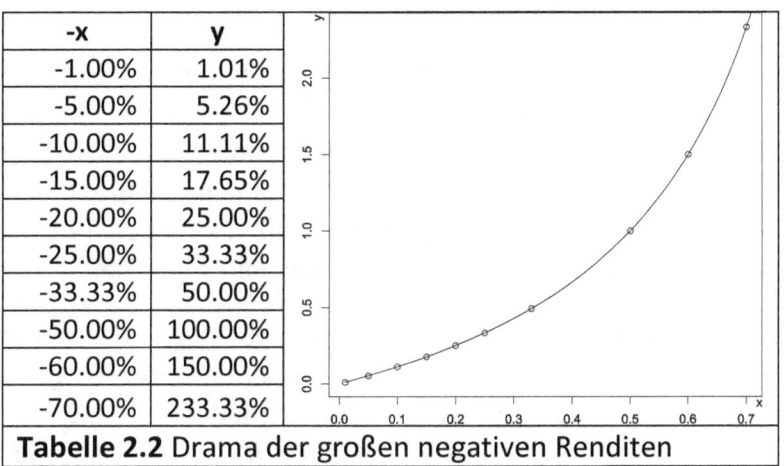

-x	y
-1.00%	1.01%
-5.00%	5.26%
-10.00%	11.11%
-15.00%	17.65%
-20.00%	25.00%
-25.00%	33.33%
-33.33%	50.00%
-50.00%	100.00%
-60.00%	150.00%
-70.00%	233.33%

Tabelle 2.2 Drama der großen negativen Renditen

Die Tabelle wurde durch die Formel $(1-x)(1+y) = 1$ bzw. $y = \frac{1}{1-x} - 1$ kalkuliert. Das ist nichts anders als die *umgekehrte Proportionalität*, die Funktion, welche man in [Russischen] Schulen als zweite Funktionsart (nach der direkten Proportionalität $y = ax + b$) lernt.

Also liegt der Irrtum der erwarteten Rendite daran, dass sie mathematisch inkorrekt eingeschätzt wird?! Zum Teil ja, obwohl was die Indizes wie DAX oder DowJones anbetrifft, so stimmt die Einschätzung schon: die langfristige historische Durchschnittsrendite (richtig kalkuliert mit Formel 2.3) liegt sogar etwas über 6%. Und man kann solche Rendite auch in Zukunft auf Dauer erwarten: 2%-3% Wirtschaftswachstum, dazu 1%-2% Inflation und zusätzlich der Fakt, dass solche Indizes nur die Aktien der „soliden" Unternehmen enthalten.

> Der Hauptirrtum der langfristig erwarteten Rendite liegt aber daran, dass man normalerweise sein Kapital nicht durch den großen *Einmalinvestment*, sondern durch einen *Sparplan* aufbaut.

Die Renditen $r_1, r_2, \ldots, r_n$ in Formel 2.2 wirken auf das Endvermögen multiplikativ. Die Multiplikation ist kommutativ, so ist es für die Einmalinvestment egal, in welcher Reihenfolge die dürftigen und die fetten Jahre vorkommen. Hauptsache: die Durschnittrendite lt. Formel 2.3 muss die Erwartung treffen und langfristig ist es bei dem Aktienindex normalerweise so[46].

Anders sieht es bei einem Sparplan aus! Bei einem Sparplan legt man jeden Monat (oder jedes Jahr) mit der Einzahlung einen neuen „Baustein" an. Der Einfachheit halber nehmen wir an, dass alle Einzahlungen gleich sind; das ist häufig der Fall in der Praxis. Weil nur die prozentuale Vermögensentwicklung zählt[47], ist es egal ob wir €25, €1000 oder €10000 jeden Monat bzw. jedes Jahr einzahlen.

In Tabelle 2.3 habe ich ein Beispiel mit Echtdaten[48] berechnet: was wäre wenn man am Ende des Jahrs 1992 einen Sparplan mit einem DAX ETF für 10 Jahre eingerichtet hätte. Aus der Tabelle 2.3 kann man sehen, dass von den fetten Jahren 1993, 1996 und 1997 nur die Hälfte der Bausteine (also B1-B5) profitiert haben. Dafür aber wurden von den dürftigen Jahren 2001 und 2002 _alle_ Bausteine betroffen! Und weil Du nun weißt, dass der Verlust von -44,45% erst mit dem Wachstum von +80% ausgeglichen wird, verstehst Du das Desaster vollständig. Beachte: der DAX-Kurs hat sich – trotz der Katastrophe – seit 1992 fast verdoppelt (Abbildung 2.5). Würde man alles Geld _auf einmal_ im Jahre 1992 investieren (können), so hätte man am Ende fette +84% gehabt. Nun, wie viele von uns haben genug Geld für solche Einmalinvestment?!

Verständnistipp: jeden Baustein kann man auch als separate Einmalinvestment betrachten. Und aus Tabelle 2.3 sieht man sofort, dass die Investmentdauer immer kürzer wird. Deshalb gilt hier das „langfristig wird es wachsen"-Argument nicht mehr!

---

[46] Aber auch nicht immer! Z.B. derjenige, wer in japanischen Nikkei in 1990 investiert hat, sitzt immer noch die Verluste aus.
[47] Analog Formel 2.2 kann man den Faktor K für jeden Baustein ausklammern.
[48] https://www.finanzen.net/index/DAX/Hochtief

Jahr	Rendite	B1	B2	B3	B4	B5	B6	B7	B8	B9	B10	Mittelwert
1992	-	100%										100%
1993	46,71%	147%	100%									123%
1994	-7,06%	136%	93%	100%								110%
1995	6,99%	146%	99%	107%	100%							113%
1996	28,17%	187%	127%	137%	128%	100%						136%
1997	47,11%	275%	187%	202%	189%	147%	100%					183%
1998	17,71%	324%	221%	237%	222%	173%	118%	100%				199%
1999	37,10%	444%	303%	326%	304%	237%	161%	137%	100%			252%
2000	-7,03%	413%	281%	303%	283%	221%	150%	127%	93%	100%		219%
2001	-19,85%	331%	225%	243%	227%	177%	120%	102%	75%	80%	100%	168%
2002	-44,45%	184%	125%	135%	126%	98%	67%	57%	41%	45%	56%	93%

Tabelle 2.3 Unglücklicher Sparplan mit dem DAX ETF

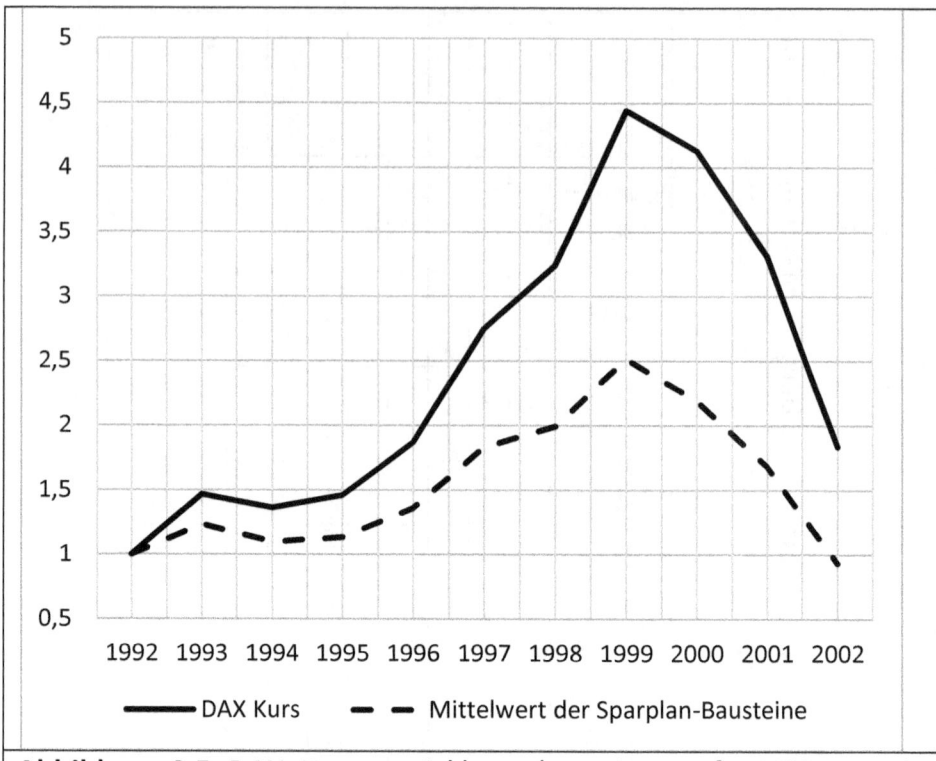

Abbildung 2.5 DAX Kursentwicklung (normiert auf 100% im Jahr 1992) vs. Sparplan-Entwicklung (vgl. Tabelle 2.3)

Aber ist es vielleicht ein einzelnes Bespiel des unglücklichen Jahrzehntes?! Leider nein, seit 1958 gab es noch sechs solche schlechten Dekaden und zwar:

Zeitstrecke	Mittelwert alle Bausteine am Ende
1960 - 1970	0.96
1963 - 1973	0.85
1964 - 1974	0.87
1970 - 1980	0.99
1971 - 1981	0.999
1998 - 2008	0.96

Tabelle 2.4 Dürftige Jahrzehnte für den DAX

Insgesamt gibt es 50 Dekaden[49] zwischen 1958 und 2018 (1958-1968, 1959-1969, …, 2007-2017) und davon waren 7 dürftig. Für die Jahre, als es die Zinsen noch gab, müsste man die ausgefallenen Zinsen bei Verlustberechnung berücksichtigen. Deshalb, historisch gesehen, beträgt die Verlustwahrscheinlichkeit[50] eines solchen Sparplans 7/50 = 14%. Wenig finde ich das nicht!

Die gute Nachricht: in der Vergangenheit seit 1958 gibt es keine 20-jährige Zeitstrecke, auf welche ein solcher Sparplan mit Verlust beenden würde. Das kannst Du selbst mit der statistischen Software „R" und Programmcode 2.1 überprüfen[51] ☺. Bedeutet das, dass ein Sparplan mit dem Dauer 20 Jahre oder mehr quasi risikolos ist?! Leider nein! Vor allem haben wir nicht so viel historischen Daten um zuverlässig beurteilen zu können und darüber hinaus darf man nicht die Vergangenheit in Zukunft so plump projizieren. Aber mittels eines *mathematischen Modells* können wir auch diejenige Risiken einschätzen, welche sich in Vergangenheit noch nicht ausprägt haben. Bist Du skeptisch?! Na dann sage ich: der Planet „Neptun" wurde ohne Teleskope, nur *aufgrund von Berechnungen* aus Bahnstörungen des Uranus entdeckt! Und habe keine Angst: Du selbst musst diesmal wirklich nichts kalkulieren, alles ist schon gemacht.

Es gibt vielen Gründen anzunehmen, dass die jährlichen Renditen von DAX *normalverteilt* sind. Die Normalverteilung (Gaußglocke) ist wirklich ubiquitär in der Natur[52]. Aber bloß anzunehmen reicht nicht, man muss die Annahme überprüfen.

---

[49] Wir gehen davon aus, dass der Sparbeitrag für jedes Jahr am Jahresende (31.12) angelegt wird. Betrachte Tabelle 2.3: der 1. Baustein wird am 31.12.1992 angelegt (deshalb kommt 1992 in der Tabelle vor, wird aber offensichtlich nicht verzinst). Analog legt man den 2. Baustein am 31.12.1993, den 3. Baustein am 31.12.1994, usw.
[50] D.h.: Du wirst weniger haben, als Du gehabt hättest, falls Du das angesparte Geld einfach zur Seite gelegt hättest.
[51] Bitte betrachte diese Aussage nicht als eine Verhöhnung, wenn man behauptet, dass man geforscht hat, muss man seine Forschungsergebnisse reproduzierbar machen! Ansonsten sind diese Ergebnisse nicht glaubhaft!
[52] Wenn Du den „Black Swan" von Nassib Taleb gelesen hast, antizipiere ich Deine Skepsis. Aber: für tägliche Renditen von DAX wäre die Annahme der Normalverteilung wirklich schlecht. Für die jährlichen Renditen ist sie – dank dem Gesetz der Großen Zahlen – nicht unangemessen.

```
N_JAHRE = 10
START_JAHR = 1958
renditen = c(0.1541, 0.2784, -0.0829, -0.2113, 0.1362, 0.0889,
    -0.1161, -0.2107, 0.5093, 0.1041, 0.1202, -0.2868,
    0.0667, 0.1328, -0.2612, 0.0139, 0.4017, -0.0962,
    0.0792, 0.0470, -0.1344, -0.0339, 0.0198, 0.1272,
    0.4001, 0.0606, 0.6643, 0.0484, -0.3018, 0.3279,
    0.3483, -0.2190, 0.1286, -0.0209, 0.4671, -0.0706,
    0.0699, 0.2817, 0.4711, 0.1771, 0.3710, -0.0703,
    -0.1985, -0.4445, 0.3942, 0.0749, 0.2803, 0.2150,
    0.2105, -0.3995, 0.2478, 0.1519, -0.1469, 0.2980,
    0.2477, 0.0265, 0.0956, 0.0687, 0.1251, -0.0350)
HIST_LEN = length(renditen) #Laenge der Folge der historischen Daten
jahre = seq(1:HIST_LEN)+START_JAHR - 1 #60 Jahre, Start 1959

bausteineMittelWerte = array(0.0, dim=(60-N_JAHRE))
for(j in 1:(60-N_JAHRE)) {
   bausteine = array(0.0, dim=N_JAHRE)
   for(k in 1:N_JAHRE)
     bausteine[k] = prod(1+renditen[(j+k-1):(j+N_JAHRE-1)])

   bs = paste(round(bausteine, 4), collapse=" ")
   datum=paste(jahre[j], jahre[j+N_JAHRE], collapse=" ")
   print(paste(datum, bs, mean(bausteine), sep=" | "))

   bausteineMittelWerte[j] = mean(bausteine)
}
verlustWkt = length(which(bausteineMittelWerte<1))/(60-N_JAHRE)
print(paste0("Verlustwharscheinlichkeit des Sparplans: ", verlustWkt))
```

R-code 2.1 Fette und dürftige Dekaden finden

Wie Du sehen kannst, liegt die theoretische (grau) und die empirische (schwarz) Verteilungsdichten sehr nah. Darüber hinaus ist der sogenannte QQ-Plot fast gerade, was für die gute Modellwahl spricht. Die Normalverteilung ist durch den Erwartungswert und die Standardabweichung eindeutig bestimmt. So können wir diese Parameter aus historischen Daten einschätzen und dann mittels *Monte Carlo* Methode[53] die verschiedenen Szenarien simulieren: auch diejenige, welche in der Vergangenheit noch nicht vorkam!

---

[53] Stark vereinfacht: wir lassen dem Computer die Münze werfen und schauen welche Serien von Gewinnen und Verlusten vorkommen und wie die auf unsere Endvermögen auswirken.

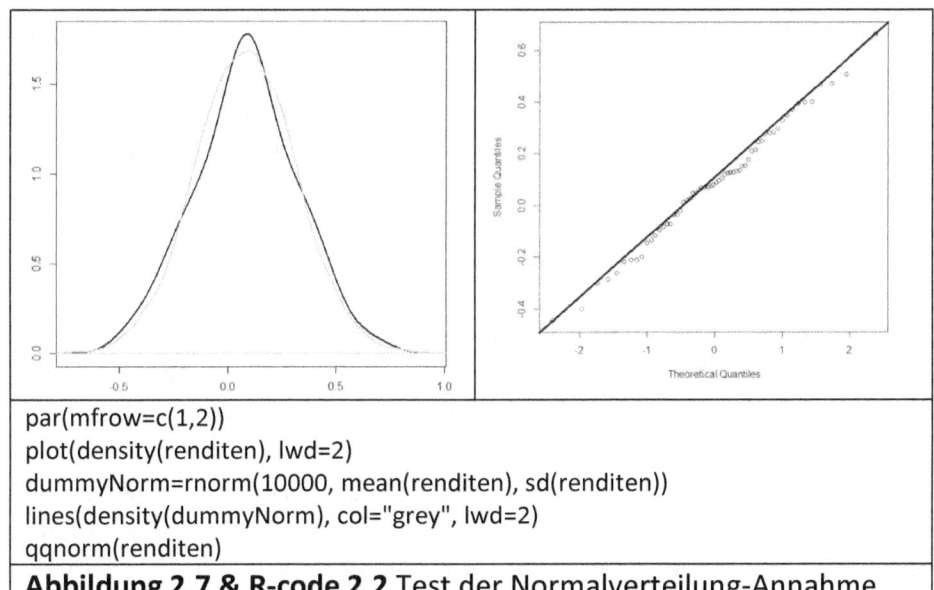

```
par(mfrow=c(1,2))
plot(density(renditen), lwd=2)
dummyNorm=rnorm(10000, mean(renditen), sd(renditen))
lines(density(dummyNorm), col="grey", lwd=2)
qqnorm(renditen)
```

Abbildung 2.7 & R-code 2.2 Test der Normalverteilung-Annahme

In unserem Fall beträgt der Erwartung- (bzw. der Mittelwert) der Rendite 8,65% und derer Standardabweichung (*Volatilität*) ist 23,18%.

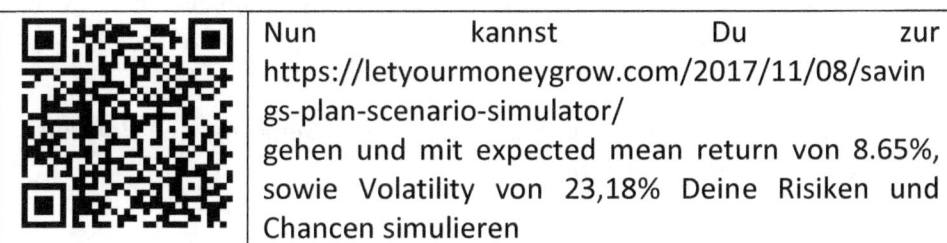

Nun kannst Du zur https://letyourmoneygrow.com/2017/11/08/savings-plan-scenario-simulator/
gehen und mit expected mean return von 8.65%, sowie Volatility von 23,18% Deine Risiken und Chancen simulieren

Sicherheitshalber habe ich das schon für Dich gemacht und das Ergebnis ist wie folgt

Sparplandauer	Verlust-Wahrscheinlichkeit	Endvermögen-Mittelwert	Endvermögen-Median
10 Jahre	20%	158%	141%
20 Jahre	15%	280%	224%
30 Jahre	8%	459%	340%

Der Mittelwert und die Median werden prozentual im Bezug auf die Summe der Sparraten kalkuliert. Für die prozentualen (relativen) Verhältnisse ist der absolute Wert der Sparrate irrelevant.

Da lediglich 100 Szenarien simuliert werden (um die Grafik noch lesbar zu halten und den Webserver nicht zu überstrapazieren), kannst Du etwas andere Zahlen bei der Simulation bekommen (für eine akkurate Konvergenz braucht man *sehr* viele Szenarien zu simulieren). Aber die Größenordnung stimmt auf jeden Fall.

Last but not least musst Du den Unterschied zwischen Median und Mittelwert begreifen. Beide sind die Lagemaßzahlen (measures of central tendency). Mittelwert kann aber trügerisch sein, weil wenn wir den Mittelwert von Deinem, meinem und Roman Abramovichs Vermögen kalkulieren, sind wir im Durschnitt *alle* Milliardäre (Abramovich hat $10.5 Mrd). Genau solches Problem kommt in unserem Fall vor: der DAX kann (theoretisch) bis Himmel wachsen aber nicht unter null fallen. Deshalb ist der Mittelwert durch solche überoptimistischen Szenarien verzerrt. Hingegen wird die Median so gewählt, dass sie genau in der Mitte der (sortierten) Stichprobe liegt. Also wenn ich €30000, Du €40000 und Abramovich €8000000000 haben, ist der Median gleich €40000.

> **Und natürlich kannst Du sehen: es gibt keine risikolosen Investitionen, auch wenn man langfristig investiert!**

Dabei kann man jedoch das Risiko durch die Senkung der Volatilität reduzieren, und das werden wir tun!

Kapitel 3: Dein Weg zur Zielrendite: Fehler die Du vermeiden solltest

Bevor wir dazu kommen, wie Du die 6% Rendite p.a. erreichen kannst, betrachten wir die typischen Anfänger-Fehler, welche statt nachhaltigen Vermögenswachstums häufig zum (Total)verlust führen.

Ich gehe davon aus, dass die Börse nicht Dein Steckenpferd ist (sonst brauchst Du dieses Buch nicht wirklich zu lesen ☺). Deshalb das schlimmste, was Du machen kannst, ist „hobby trader" zu werden. Sei misstrauisch, wenn man Dir sagt, Trading ist einfach und jeder kann erfolgreicher Trader sein. Theoretisch wohl ja, aber in der Praxis verlieren 90% (wenn nicht 99%) Privattrader ihr Geld! Gibt es Ausnahmen?! Natürlich gibt es die *Einzel*ausnahmen, meine Lieblingsbeispiele sind Einstein und HBecker von wikifolio.

	**Wikifolio** ist ein FinTech Projekt, welches (fast) jedem die Möglichkeit gibt, Fondmanager zu werden. Tolle Idee, aber leider besteht ein klarer Interessenkonflikt: Wikifolio profitiert auch (und am meisten) bei hochriskanten Strategien an, die *inzwischen* einen sehr hohen „Water Mark" erreichen aber *schlussendlich pleite gehen*. Mehr dazu auf
https://letyourmoneygrow.com/2017/07/30/wikifolio-meine-groste-enttauschung/	
Aber für Forschung und Lehre ist Wikifolio wirklich unschätzbar. Bei jedem Trader ist die vollständige Tradehistorie in Echtzeit verfügbar. Darüber hinaus können die (bankrotten) Wikifolios zwar geschlossen aber nicht gelöst werden, und das ist die einzigartige Möglichkeit das Trader-Überlebensverhältnis zu erforschen.	

Einstein und HBecker: Zwei Star Traders auf wikifolio, die nachweislich mehrere Hundert Prozent Rendite per annum schaffen.

Jedoch sind selbst die Handelsstrategien von Einstein und HBecker **nicht skalierbar**.

Mit 100 Tsd. Euro wird also noch gehen aber mit 1 Mio. wohl nicht mehr, da die Beiden überwiegend die Aktien von Kleinunternehmen handeln. Mit zu viel Kapital werden Einstein und HBecker den Markt gegen sich selbst bewegen!

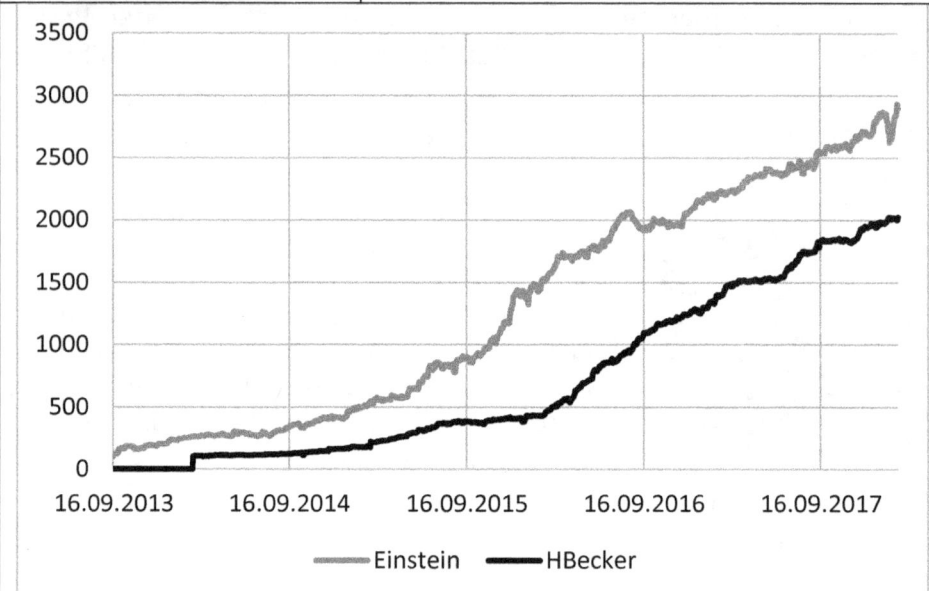

Abbildung 3.0 Einstein und HBecker. Die beste Widerlegung der Aussage, dass *niemand* besser als der Markt sein kann.

Aber wie gesagt, sind das die Einzelausnahmen und diese Trader beschäftigen sich mit der Börse vollzeitig. Darüber hinaus sind die Beiden schon alt und es dauerte lang, bis sie sich zu diesem Profi-Niveau entwickelt haben. Und wie viele andere Trader haben es nicht geschafft und pleite gegangen sind, kann man nur raten[54]!

---

[54] In Kapitel 1 haben wir angedeutet, dass wir *Sirvivorship Bias* (das Überlebensirrtum) noch konfrontieren werden. Das ist ein Beispiel davon.

Darüber hinaus bedeutet ein intensives Trading nicht nur Geld- sondern auch *Zeitverschwendung*. Und nicht vergessen, Du musst noch €300/mo sparen können, was am einfachsten durch die Gehaltserhöhung erreichbar ist. Aber die Gehaltserhöhung kriegt man (wenn überhaupt) nur dann, wenn man seine Leistung steigert. Deshalb:

> **Anstatt deine Zeit beim Trading zu verschwenden, investiere lieber Deine Zeit in die Steigerung Deiner beruflichen Qualifikation!**

Immer noch nicht überzeugt?! OK, dann müssen wir ein bissle rechnen. In diesem Buch gehen wir (implizit) davon aus, dass man erstmals mit nichts anfängt und muss sein Kapital durch einen Sparplan aufbauen. Aber nehmen wir an, Du hast €50000 Handelskapital. Um erfolgreicher Trader zu werden musst Du zuerst viel Erfahrung sammeln, und dabei wirst Du höchstwahrscheinlich Dein Kapital drastisch reduzieren. Aber selbst wenn nicht, musst Du Dich mit dem Trading vollzeitig beschäftigen, um ständig profitabel zu sein. Sogar wenn Du 20% jährliche Rendite schaffst (und das ist **sehr** schwer, Warren Buffett schafft etwa so viel), ist das lediglich €10000 p.a. Daran wird noch der Fiskus beteiligen… So kannst Du wirklich damit leben?! Klar, wenn Du Dein Profit reinvestieren könntest, wärst Du in 23 Jahren Millionär (wenn der Vater Staat keine Kapitalsteuer kassierte, dann sogar in 17 Jahren). Aber das kannst Du nicht, da Du Deine Lebenskosten finanzieren musst!

Darüber hinaus ist Trading nicht kostenlos: selbst wenn Du bei einem günstigen Broker wie DeGiro oder Interaktive Brokers bist, beträgt die Mindestgebühr für Europäische Aktien ca. €2 pro Trade. Nun entsteht die Frage, wie viel Kapital musst Du pro Trade einsetzen?! Wahrscheinlich hast Du schon mal gehört, dass man nicht mehr als 1% bzw. 2% seines Kapitals pro Trade einsetzen muss. In Deinem Fall wäre es also €1000. Anstatt zu raten, werden wir den „optimalen" Wert berechnen. Erstmals fangen wir mit einem (unrealistischen) Modell an: sei der Trading wie der Wurf der asymmetrischen Münze, z.B. mit der Gewinnwahrscheinlichkeit=0.55 (zum Vergleich: Einsteins hat ca. 0.58)

```
TRADING_FEE = 2 #€2 pro BUY oder SELL
STARTKAPITAL = 50000 #Euro
STOCK_MOVEMENT = 0.2 #+/-20%, danach StopLoss oder Take Profit
PROB2WIN = 0.55 #Wahrscheinlichkeit zu gewinnen
N_TRADES = 10000
tradingErgebnis = array(STARTKAPITAL, dim=c(100, (N_TRADES+1)))
endKapital = array(0.0, dim=100)
outcomes = rbinom(N_TRADES, 1, PROB2WIN)
outcomes[which(outcomes==0)] = -1
for(anteil in 1:100)
{
   for(trade in 2:(N_TRADES+1))
   {
      res = (1 + STOCK_MOVEMENT * outcomes[(trade-1)] * anteil/100)
      tmp = tradingErgebnis[anteil, (trade-1)] * res -2*TRADING_FEE
      tradingErgebnis[anteil, trade] = tmp
      if(tradingErgebnis[anteil, trade] < 0)
      {
         tradingErgebnis[anteil, ] = 0 #Totalverlust!
         break
      }
   }
   endKapital[anteil] = tradingErgebnis[anteil, (N_TRADES+1)]
}
plot(seq(1:100),  endKapital,  xlab="Kapitalanteil  per  Trade  in  %")
abline(v=50)
```

R-code 3.1 Optimaler Kapitalanteil per Trade a-la „Münzwurf"

Pro Kauf und Verkauf nehmen wir €2 Brokergebühren an, also €4 pro Trade müssen wir auf jeden Fall zahlen. Wir nehmen den Gewinn bzw. begrenzen den Verlust, soweit sich der Aktienkurs um ±20% ändert. Nun setzen wir die Monte-Carlo Simulation wieder ein. Du bist ermutigt, den R-code 3.1 selber zum Laufen zu bringen, musst Du aber nicht: hier sind die Simulationsergebnisse.

Wie man sieht, erreicht man das maximale Endvermögen wenn man ca. die Hälfte seines Kapitals per Trage einsetzt. Falls Dir das <u>Kelly Kriterium</u> bekannt ist, können wir den optimalen Anteil analytisch kalkulieren (einfachheitshalber ohne die Brokerkosten zu berücksichtigen). Also beim Kelly Kriterium maximiert man den Erwartungswert vom *Logarithmus* des Endvermögens. Was passiert in unserem Fall wenn man $x\%$ seines Kapitals einsetzt?!

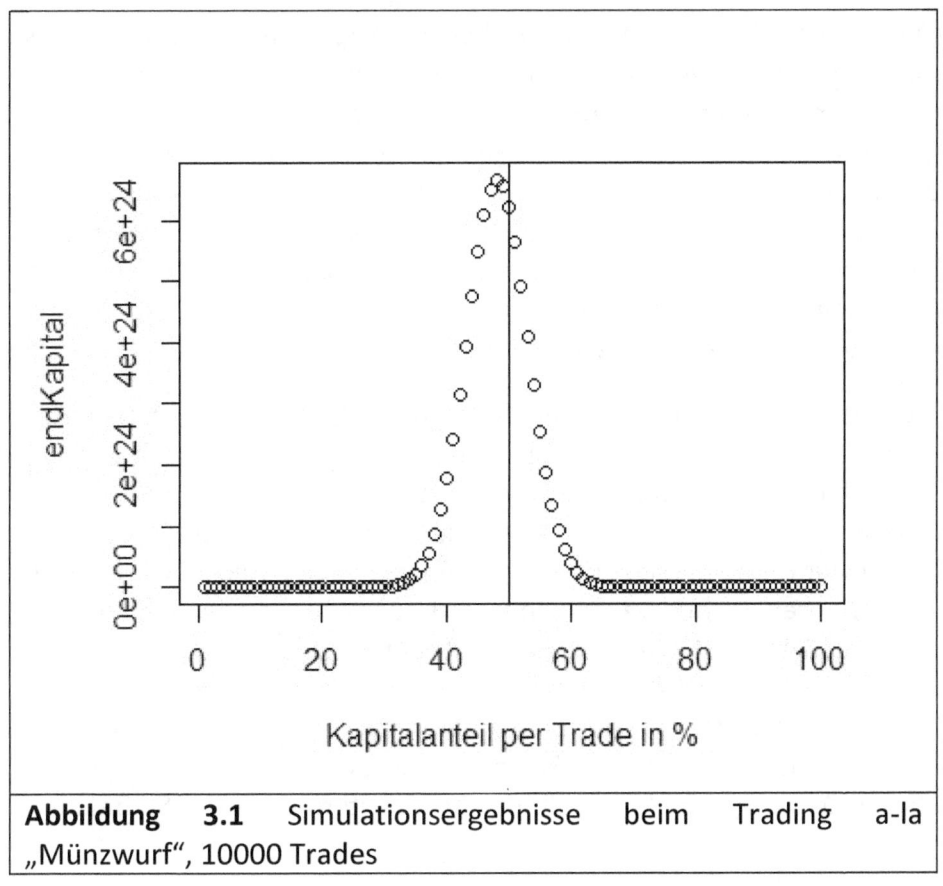

Abbildung 3.1 Simulationsergebnisse beim Trading a-la „Münzwurf", 10000 Trades

Auf jeden Fall bleibt dann $1-x$ in Cash und als Trade-Ergebnis hat man entweder $x(1+0.2)$ oder $x(1-0.2)$. Alles zusammengenommen: entweder $1-x+1.2x = 1+0.2x$ beim Gewinn oder $1-x+0.8x = 1-0.2x$ beim Verlust. Dem Kelly Kriterium entsprechend müssen wir x so wählen, dass $0.55\ln(1+0.2x) + (1-0.55)\ln(1-0.2x)$ den maximalen Wert erreicht. Wenn Du dich mit Ableitungen auskennst, kannst Du diese Funktion differenzieren und überprüfen, dass $x = 0.5$ diese Funktion tatsächlich maximiert. Ansonsten bitte ich Dich die Aussage in Excel numerisch zu überprüfen oder (wenn Du faul bist ☺) einfach daran zu glauben.

Nun lohnt es sich eine kurze Atempause zu machen. Du bist bestimmt überfragt, warum man den erwarteten Wert vom *Logarithmus* (und nicht vom Vermögen selbst) maximiert. Darüber hinaus habe ich gar nicht erklärt, was der Erwartungswert ist.

Wie Du Dich daran erinnerst, wächst das Kapital mit dem Zinseszins *exponentiell* und der Logarithmus ist nichts anders als die Umkehrung der Exponentialfunktion. Mit einfachen Worten $\ln(e^z) = e^{\ln(z)} = z$. Aber in der Formel gibt es doch kein „e^z"! Ja, aber bei großen t und relativ kleinem z sind $(1+z)^t$ und e^{zt} praktisch dasselbe[55]! Also durch den Logarithmus kommen wir direkt zu unserer Rendite z, welche in unserem Fall zufällig ist. Wegen dieser Zufälligkeit optimieren wir den Erwartungswert, *also die Summe aller möglichen Ergebnisse, gewichtet mit deren Wahrscheinlichkeiten.*

Und warum maximieren wir die erwartete Rendite anstatt des erwarteten Endvermögens? Nun, erinnere Dich daran, als ich Dir den Unterschied von Mittelwert und Median erklärte. Wenn Du den Mittelwert des Endvermögens maximierst, kann es so sein, dass Du in (einem sehr unwahrscheinlichem Szenario) superreich bist aber in allen anderen (sehr wahrscheinlichen) Szenarien pleite bist. Das ist nicht was Du willst, nicht wahr? Und wenn Du nach Kelly Kriterium agierst und den Renditenmittelwert maximierst, ist es so, dass Du gleichzeitig die Median Deines Endvermögens maximierst! Das ist weder offensichtliche noch triviale Behauptung und sie wurde erst im Jahre 2004 bewiesen[56], obwohl das Kelly Kriterium seit 1956 bekannt ist.

Sei nicht verzweifelt, wenn Du soweit nur Bahnhof verstehst. Den Erwartungswert brauchst Du zwar unbedingt zu verstehen aber das werden wir nochmal von Anfang an diskutieren. Und die Nuancen des Kelly Kriteriums kannst Du erstmals überspringen, obwohl ich Dir doch empfehle darüber nachzulesen. Wir werden dazu noch ein (sehr) motivierendes Beispiel geben, sobald wir die Gefahr von Hebelprodukten besprechen.

Nun kehren wir zur praktischen Sachen zurück. Wir haben gesehen, dass die Ergebnisse lt. der Kelly-Formel und der Monte-Carlo Simulation ziemlich ähnlich sind. Aber Kelly gilt nur asymptotisch und auch bei der Simulation haben wir die Anzahl der Trades (N_TRADES)

---

[55] Darüber hinaus könnte man den Zins in der stetigen Zeit so herleiten
$$\lim_{n\to\infty} \left(1 + \frac{z}{n}\right)^{\frac{t}{n}} = \exp(zt)$$
[56] Ethier S.N., The Kelly system maximizes median fortune (in Journal of Applied Probability, Volume 41, Number 4 (2004), 1230-1236)

auf 10000 gesetzt. Aber wie viel Zeit braucht eine Aktie um ±20% zu erreichen?! Normalerweise mehrere Monate! Deshalb reicht unser Leben kaum, um so viele Trades abzuwickeln. Und was passiert bei N_TRADES=100?! Die Antwort ist: ziemlich alles kann passieren! Hundert Trades sind keine so große Anzahl, so gilt das *Gesetz der großen Zahlen* noch nicht und das Ergebnis konvergiert nicht. Allerdings lässt sich eine Gesetzmäßigkeit beobachten: wenn man mit ganz kleinem Kapitalanteil anfängt und diesen Schritt für Schritt steigert, dann wächst die Zielfunktion bis evtl. das Maximum erreicht wird... und danach fängt die Zielfunktion an zu sinken.

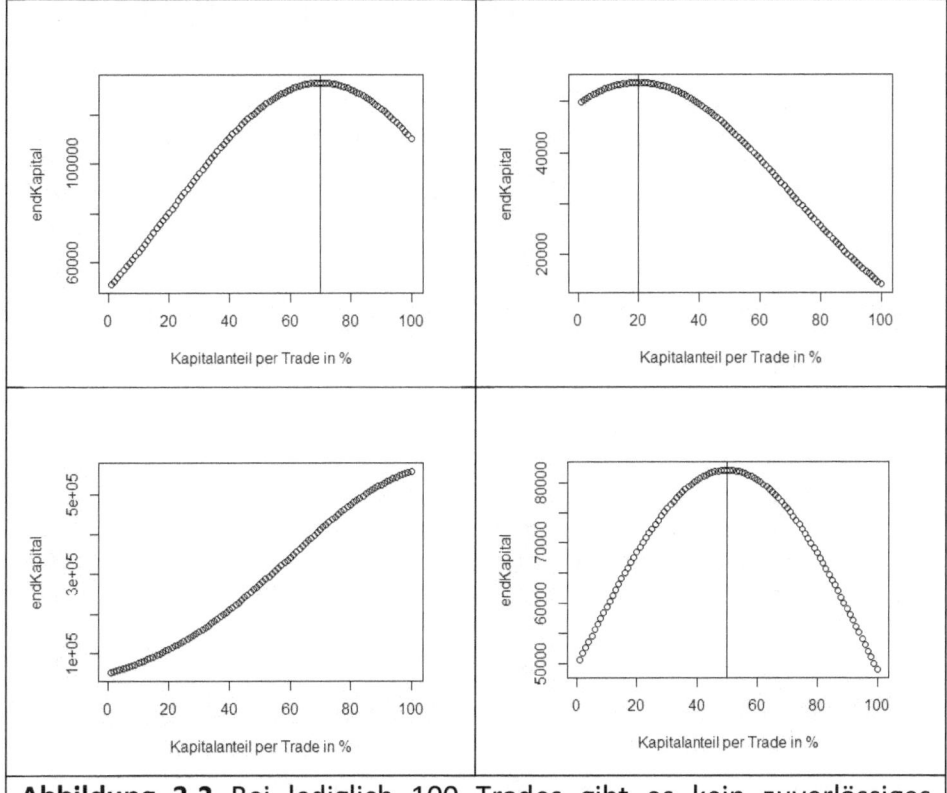

Abbildung 3.2 Bei lediglich 100 Trades gibt es kein zuverlässiges Optimum von dem Anteil des eingesetzten Kapitals!

Deshalb gilt die Regel:

Beim Zweifel immer weniger als mehr Kapital pro Trade einsetzen!

Nun kommen wir zu einem realistischen Beispiel. Wahrscheinlich hast Du über die *Trendfolge* Strategie gehört. Bei dieser Strategie geht man viele relativ kleine Verluste ein, wenn sich der Trend nicht bestätigt. Aber wenn er sich doch bestätigt, dann macht man richtig Kasse.

```
TRADING_FEE = 2 #€2 pro BUY oder SELL
STARTKAPITAL = 50000 #Euro
WIN = +0.4 #beim Gewinn von 30% TakeProfit
LOSS = -0.2 #beim Verlust von 20% StopLoss
HEAVYLOSS = -0.5 #z.B. Volkswagen Dieselgate
PROBS= c(0.35, 0.64, 0.01) #Wahrscheinlichkeiten: Gewinn, Verlust, Großer Verlust

N_TRADES = 100000
tradingErgebnis = array(STARTKAPITAL, dim=c(100, (N_TRADES+1)))
endKapital = array(0.0, dim=100)
coinTosses = rmultinom(N_TRADES, 1, PROBS)
outcomes = array(0.0, dim=N_TRADES)
outcomes[which(coinTosses[1,]==1)] = WIN
outcomes[which(coinTosses[2,]==1)] = LOSS
outcomes[which(coinTosses[3,]==1)] = HEAVYLOSS
for(anteil in 1:100)
{
   for(trade in 2:(N_TRADES+1))
   {
      res = (1 + outcomes[(trade-1)] * anteil/100)
      tmp = tradingErgebnis[anteil, (trade-1)] * res -2*TRADING_FEE
      tradingErgebnis[anteil, trade] = tmp
      if(tradingErgebnis[anteil, trade] < 0)
      {
         tradingErgebnis[anteil, ] = 0 #Totalverlust!
         break
      }
   }
   endKapital[anteil] = tradingErgebnis[anteil, (N_TRADES+1)]
}
plot(seq(1:100), endKapital, xlab="Kapitalanteil per Trade")
```

R-code 3.2 Ermittlung des optimalen Kapitalanteils bei einer Tradefolge Strategie.

Auch ist die Empfehlung, das Gewinn-Verlust Verhältnis mindestens 2 zu 1 zu halten, nicht unüblich. So nehmen wir an: entweder kassieren wir 40% mit Wahrscheinlichkeit 35% oder verlieren wir 20% mit

Wahrscheinlichkeit 64% oder im seltenen Fall wie z.B. Dieselgate (Wahrscheinlichkeit 1%) verlieren wir 50% des im Trade eingesetzten Kapitals[57].

Mit der Simulationszuverlässigkeit wird es hier noch schwieriger: selbst bei N=100000 erreichen wir keine zuverlässige Konvergenz und bei N=10000000 bekommen wir so große Werte des Endkapitals, dass R diese als „Inf" (also unendliche) betrachtet.

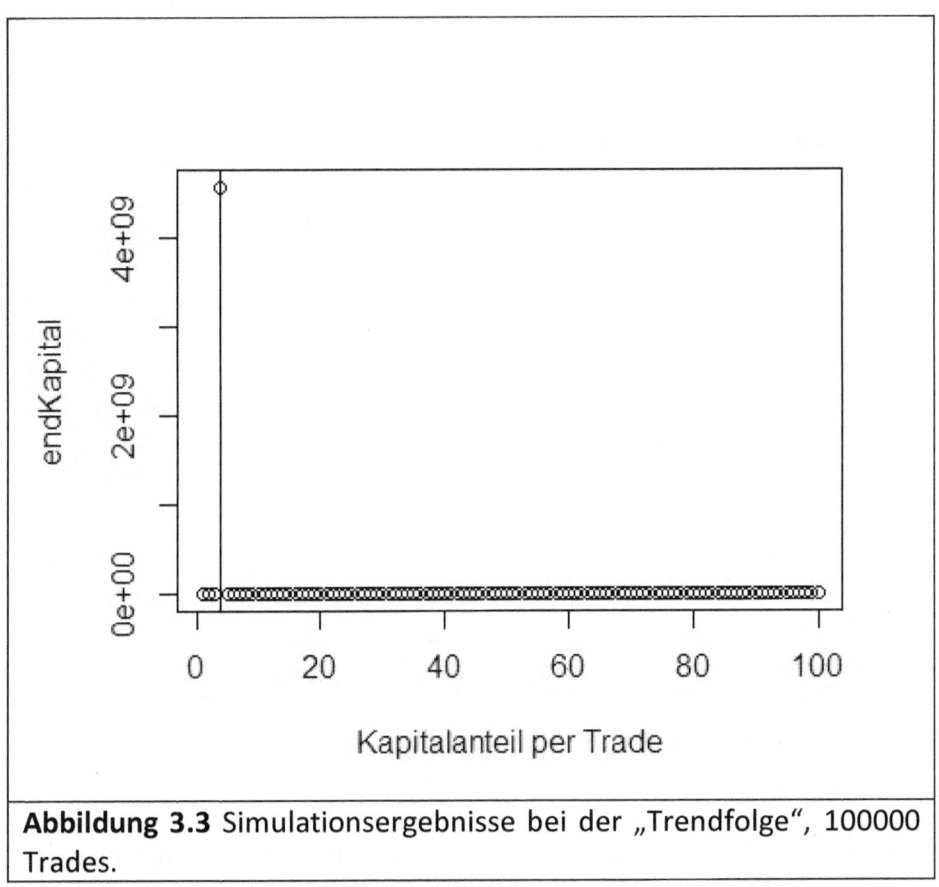

Abbildung 3.3 Simulationsergebnisse bei der „Trendfolge", 100000 Trades.

Im Endeffekt sagt und die Simulation: der optimale Anteil liegt irgendwo zwischen 1% und 7%. Da, wie schon gesagt, beim Zweifel

---

[57] Denk nicht, dass 1% Wahrscheinlichkeit für das Ereignis, 50% zu verlieren zu groß ist. Die Bewegung muss nicht an einem Tag passieren, er reicht wenn heute die Aktie -19% fällt und morgen mit gap -38% eröffnet. In der Tat: (1-0.19)*(1-0.38) =0.5 . Schau mal die Aktien von „Auden", „Steinhoff", „Praktiker", „IKB"... Und natürlich SolarWorld, diese Firma hat es geschafft, zweimal(!) Pleite zu werden.

lieber weniger als mehr, so ist die Faustregel „höchsten 2% des Kapitals pro Trade einzusetzen" nicht unplausibel!

Und jetzt kommen wir zu einer sehr wichtige Frage: *welche maximale [erwartete] Rendite können wir damit überhaupt erreichen?!* In erstem Fall (a-la „Münzwurf") war der optimale Anteil (welche die erwartete Rendite maximiert) gleich 50%, also beim $x = 0.5$ gilt

$0.55 \ln(1 + 0.2x) + (1 - 0.55) \ln(1 - 0.2x) = 0.55 \ln(1.1) + 0.45 \ln(0.9) = 0.0529 = 5.29\%$

5.29% ist gar nicht schlecht und unter der realistischen Annahme, dass die Aktienkurse innerhalb von 3 bis 6 Monaten ±20% erreichen, könnten wir wohl 10% bis 20% jährliche Rendite machen. Leider, wie schon gesagt: a) das Modell a-la „Münzwurf" ist nicht realistisch und b) wenn wir die Gewinnwahrscheinlichkeit nur ein bissle überschätzen, riskieren wir in die Verlustzone bzw. negative erwartete Rendite zu rutschen.

Und was ist mit der Trendfolgestrategie?! Wir haben gesagt, sicherheitshalber setzen wir 2% des Kapitals pro Trade an. Dann gilt $0.35 \ln(1+0.4*0.02)+0.64 \ln(1-0.2*0.02)+0.01 \ln(1-0.5*0.02) = 0,000123222 = 0.01\%$
Ja-ja, das miserable Einhundertstel Prozent! Aber vielleicht können wir viele Trades (insgesamt bis 100% / 2% = 50 Trades) *parallel* laufen lassen?! Nicht wirklich, weil es nicht so viele *unabhängige* (besser zu sagen: nicht zu stark korrelierte) Assets gibt! Und selbst wenn: da die Trades *parallel* (und nicht hintereinander) laufen, haben wir $(1 + 50 * 0.0001) = 1.005$ (und nicht $(1 + 0.0001)^{50} = 1.00501$, was auch nicht besser wäre).

> **Jetzt wahrscheinlich fragst Du, wie Einstein und HBecker dreistellige Renditen erreichen?!** *Dadurch, dass sie sowohl die Wahrscheinlichkeit > 0.5 als auch das Gewinn-Verlust Verhältnis > 1 halten. Dabei ist die Wahrscheinlichkeit > 0.5 maßgebend!*

Aber was Einstein und HBecker können ist eine sehr feine Kunst! Ich selbst kann das nicht, ich kann nur *ab und zu* auf die Trade-Gelegenheiten hinweisen, bei welchen sowohl die Wahrscheinlichkeiten als auch die GuV-Verhältnisse vorteilhaft sind. Damit kann man sein Portfolio – wie mit Salz und Pfeffer – verfeinern aber darüber reden wir erst später. Und soweit müssen wir weiter die typischen Fehler der unerfahrenen Privatinvestoren abhacken.

Ein typischer Fehler ist auf die „Börsengurus" zu hören! Welche „Börsengurus" in Deutschland kennst Du? Wahrscheinlich sind Dirk Müller und Prof. Max Otte Dir nicht unbekannt. Aber statt ihren bla-bla zu hören, schau mal lieber, wie sich ihre Investmentfonds im Vergleich zum DAX entwickeln!

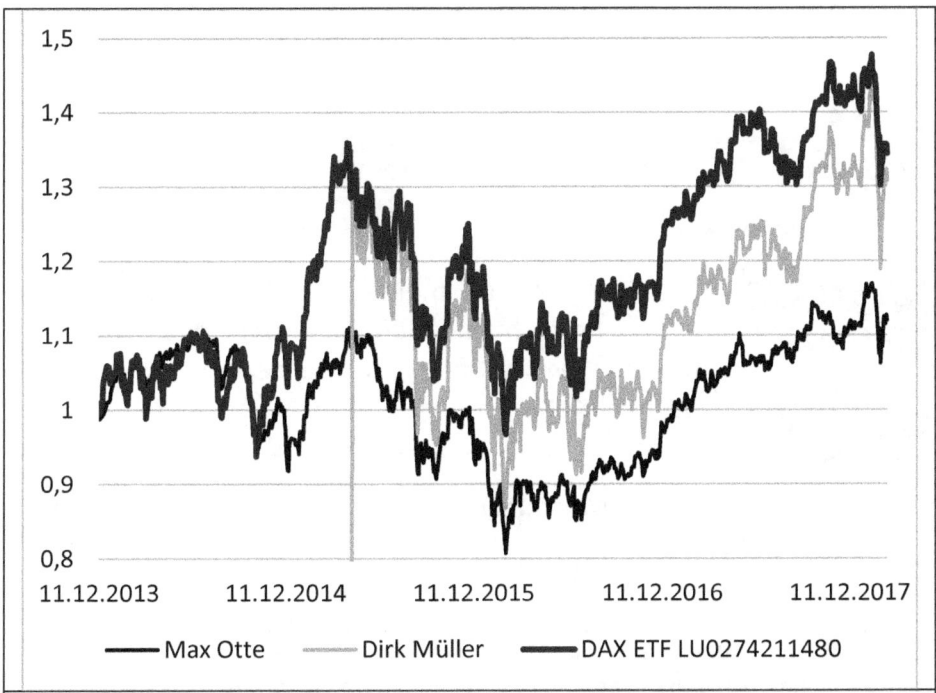

Abbildung 3.4 Investment Fonds von „Börsengurus" Dirk Müller (DE000A111ZF1) und Prof. Max Otte (DE000A1J3AM3) vs. DAX ETF Datenquelle: fondscheck.de (Börse Frankfurt)

Höchstwahrscheinlich bist Du schlau und hinterfragst kritisch, ob ich – der Autor – den DAX schlagen kann! Ja, kann ich, was ich mit meinem Wikifolio „Somewhat better than DUCKS" nachweise.

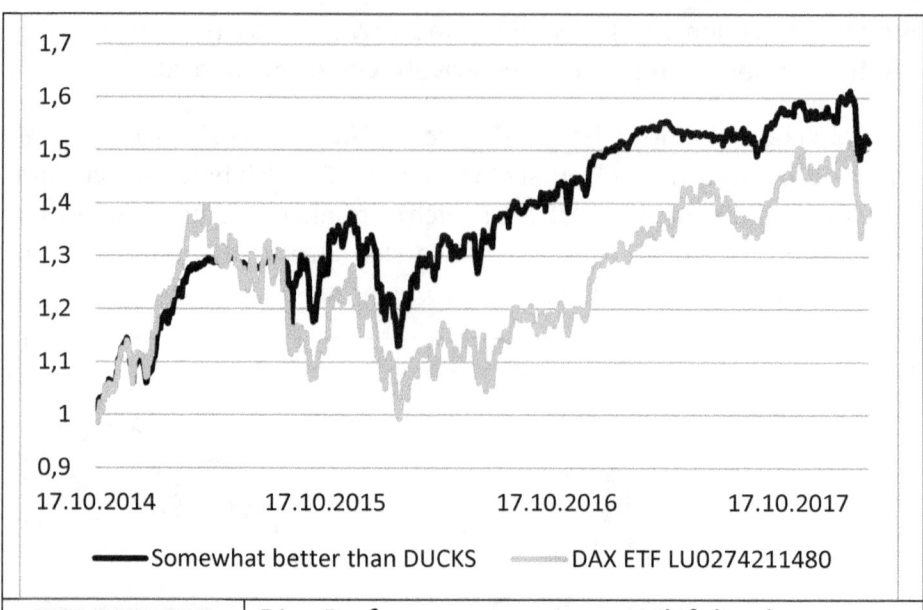

 Die Performance meines Wikifolio kannst Du immer unter http://fikifolio.de oder direkt unter https://www.wikifolio.com/de/de/w/wf999ducks nachvollziehen.

Abbildung 3.5 Autors Musterportfolio „Somewhat better than DUCKS" vs. DAX ETF

> Beachte, ich versuche nicht, Dir eine Strategie zu verkaufen, welche den Markt outperformt (u.a. rate ich von den Investitionen in Wikifolios, inkl. meine Eigenen, stark ab). Was ich versuche ist Dich zu lehren, wie Du *höchstwahrscheinlich* zur Zielrendite von 6% p.a. kommst. Der Markt an sich bietet solche Rendite langfristig an, bloß brauchst Du diese Zielrendite nicht „irgendwann", sondern genau dann wenn Du in die Rente gehen wirst!

Und warum führe ich mein Wikifolio?! Du wirst lachen, aber die Geschichte ist so: als ich für einen Energieversorger arbeitete, labberte unser Vertriebsdirektor (Liebling des Geschäftsführers), dass niemand den Markt schlagen kann. Dann kam es zur Unruhe in Ukraine und genau einer Woche vor Krim Ereignis habe ich gesagt: jetzt müssen wir Gas einkaufen! Wenn nichts passiert, dann werden wir nichts oder wenig verlieren. Aber wenn was passiert, dann machen wir richtig

Kasse. Und es passierte was! Bloß hat leider der Geschäftsführer auf seinen Liebling und nicht auf mich gehört. Damit sowas in Zukunft nicht passierte, fing ich an, dieses Wikifolio zu führen um nachzuweisen[58], dass der Markt schlagbar ist. Und wie habe ich den Markt geschlagen?! Im Wesentlichen dadurch, dass ich vor dem Brexit genau so agierte, wie ich vorgeschlagen habe vor der Krim zu agieren. Am 23.06.2016 um 23:07 Uhr habe ich geschrieben[59]

> 5.7% in cash, 2.2% in ETC (Kupfer long, Öl Short) und nur 22% in Stocks. Klar setzt der Markt auf **Bremain** und so wird wahrscheinlich sein. Dann kann DAX noch 3%-4% hochklettern (dabei werden wir immernoch somewhat better than DUCKS bleiben). Aber wenn doch Brexit, gehen die Märkte in freien Fall etwa wie im 2011 beim USA Downgrade. Weil wir nicht zocken, sondern systematisch handeln, bleiben wir überwiegend in Cash und nach dem BRErgebnis schauen wir!

Darüber hinaus habe ich noch einen sekundären Ansatz: ab und zu kann ich schon mit einer höheren Wahrscheinlichkeit sehen, dass eine Aktie eher nach oben als nach unten kurzfristig geht. Dafür habe ich ein (halb)automatisches statistisches Toolbox entwickelt. „Künstliche Intelligenz und Big Data" würde ich sagen, wenn ich Dich beeindrucken wollte. Aber nein, zwar bearbeite ich jede Menge Daten und auch die neuronalen Netze kommen zum Einsatz, halte ich an dem KISS-Prinzip: „keep it simple, stupid"[60]! Also wie auch immer, hilft mir dieses Toolbox bei kurzfristigen Prognosen und wie Du schon vom R-code 3.1 weißt, reicht es *ein bissle* besser als 50/50 zu sein, soweit sich die Lage *realistisch* als Münzenwurf modellieren lässt. Sobald wir sehr kleiner Gewinne und Verluste realisieren, ist das der Fall. Also strebte ich, dass ich – am besten jeden Tag – durchschnittlich 1% Rendite auf 1% meines Kapitals erwirtschafte.

---

[58] Aber wurde bald nicht mehr nötig: der neue Geschäftsführer hat als Erstes diesen Typ rausgeschmissen.
[59] Und Du kannst es auf Wikifolio-Webseite nachvollziehen.
[60] Simple, also einfach; jedoch nicht einfacher als möglich! Ein Beispiel von meinen Studien kannst Du anschauen unter
https://letyourmoneygrow.com/2018/01/13/volatility-clustering-piecewise-homoscedasticity-part-i-indices/
Und wenn Du die Big Data willst, schaue Dir an, wie ich einen Hadoop Cluster aufgebaut habe http://yetanotherquant.com/hadoop/

1% auf 1% ist $0.01 * 0.01 = 0.0001 = 0.01\%$. Aber im Jahr gibt es ca. 242 Handelstage, also $(1 + 0.0001)^{242} = 1.02449$

Spurst Du die Macht des Zinseszinses? Und jedes Jahr 2.45% *Überschussrendite* zu machen ist nicht wenig! Natürlich ist es nur deswegen möglich, weil Wikifolio bzw. der dahinter stehende Broker Lang&Schwarz keine Gebühren pro Trade kassiert, sondern pauschal 0.95% des Kapitals[61] pro Jahr entnimmt. (Apropos, auf Abbildung 3.5 geht es um den *Nettokurs* meines Wikifolios, alle Gebühren sind also abzogen).

Und wenn Du besonders schlau bist, dann hast Du wohl die nächste Frage auf der Zunge: *kann es sein, dass meine Performance bloß der glückliche Zufall ist.* Ja, es kann sein aber – soweit genug Trades vorhanden sind – lässt es sich mit Hilfe vom *Gesetzt der Großen Zahlen* statistisch überprüfen. Stark vereinfacht, kann man dieses Gesetzt so erklären

> Es ist durchaus möglich, dass Du 7 Köpfe und 3 Zahlen bekommst wenn Du eine *symmetrische* Münze 10 mal wirfst. Aber es ist praktisch unmöglich, 700 Köpfe und 300 Zahlen bei 1000 Würfen zu bekommen (obwohl in beiden Fällen das Verhältnis 3:7 bleibt)!

U. a. deswegen (und nicht nur um ein paar Prozent Überschuss zu erwirtschaften) habe ich so viele Trades abgewickelt: um die Nichtzufälligkeit meiner Performance unbestreitbar zu machen.

Leider ist die Tatsache mit der Nichtzufälligkeit etwas komplizierter. Schau mal Dir die Abbildungen 3.6 und 3.7 an!

Beim IREX, als ich dieses Wikifolio unter der Lupe nahm, habe ich festgestellt: von 12182 Trades waren 8189 profitabel. Ein Zufall kann es nach dem Gesetz der Großen Zahlen nicht sein. Und woran liegt dann der Haken?! Der Haken liegt daran, dass man bei IREX mit Optionen und Knock-Out Zertifikaten gehandelt hat! Das sind Hebelprodukte, und *soweit* die Konditionen stimmen, wird der Erfolg stark gehebelt. Aber so auch der Misserfolg! Als der DAX stabil wuchs, war IREX in Call-Optionen großgehebelt investiert. Als im Sommer

---

[61] Lass Dich aber damit nicht täuschen, in der Tat ist es *sehr* viel, wie Du demnächst sehen wirst.

2017 zur Korrektur kam, hat der Typ, der hinter IREX stand, zu den Put-Optionen gewechselt. Angeblich glaubte er, dass der Krieg mit Nordkorea ausbricht. Das ist aber, Gott sei Dank, nicht passiert, so setzte der DAX sein Wachstum fort. Und die Optionen (Knock-out Zertifikate) im IREX Bestand wurden ausgeknockt!

> Die Knock-Out Zertifikate sind sehr riskant. Um *alles zu verlieren* reicht es, dass der Basisprice die Barriere nur einmal tangiert! Selbst wenn man mit seinem Marktview endgültig recht hatte, ist das Geld schon weg!
>
> Darüber hinaus, wie die BaFin vorwarnt: *Die Preise für Optionsscheine und Zertifikate bestimmt in der Regel der Emittent selbst. Eine gesetzliche Vorgabe, Preise nach einem bestimmten finanzmathematischen Modell zu stellen, gibt es nicht.*
>
> **Deshalb FINGER WEG von Knock-Out Zertifikaten!**

Die Lösung des Paradoxes ist wie folgt: die Derivate (Optionen und Zertifikaten) hängen sehr stark von der Kursentwicklung des Basiswertes[62] ab. Bei IREX war die DAX-Entwicklung der Treiber. Also sind die Ergebnisse von 12182 Trades bei IREX *nicht unabhängig*, sondern hängen (fast) *alle* von der DAX-Entwicklung ab! Aber das Gesetz der großen Zahlen gilt nur für eine Serie von *unabhängigen* (oder schwach korrelierten) Ereignissen!

Genau dasselbe Problem besteht beim ProReturn. Hier handelt man mit den sogenannten (Capped) Bonus-Zertifikaten auf DAX. Solche Zertifikate sind nicht ebenso riskant wie die Knock-Outs (und deshalb hat ProReturn den Totalverlust noch nicht erfahren). Aber auch in diesem Fall lässt sich alles auf einen *einzelnen* Faktor zurückführen: ob der DAX wächst (und zwar stabil ohne große Schwankungen) oder nicht.

Anders ist es bei Einstein und HBecker! Vor allem kann man auf die Abbildung 3.0 gut sehen, dass die Beiden sehr *stetig* wachsen, *unabhängig* davon, ob die Märkte steigen oder fallen. Darüber hinaus handeln sie mit verschieden Aktien. Klar sind die Aktienkurse auch korreliert, aber jede Aktie ist doch zum gewissen Grad individuell, insb.

---

[62] "Underlying" auf Englisch

die ausgewählten Small Caps (mit „Stories" dahinter). Und genau solche Small Caps werden von Einstein und HBecker bevorzugt.

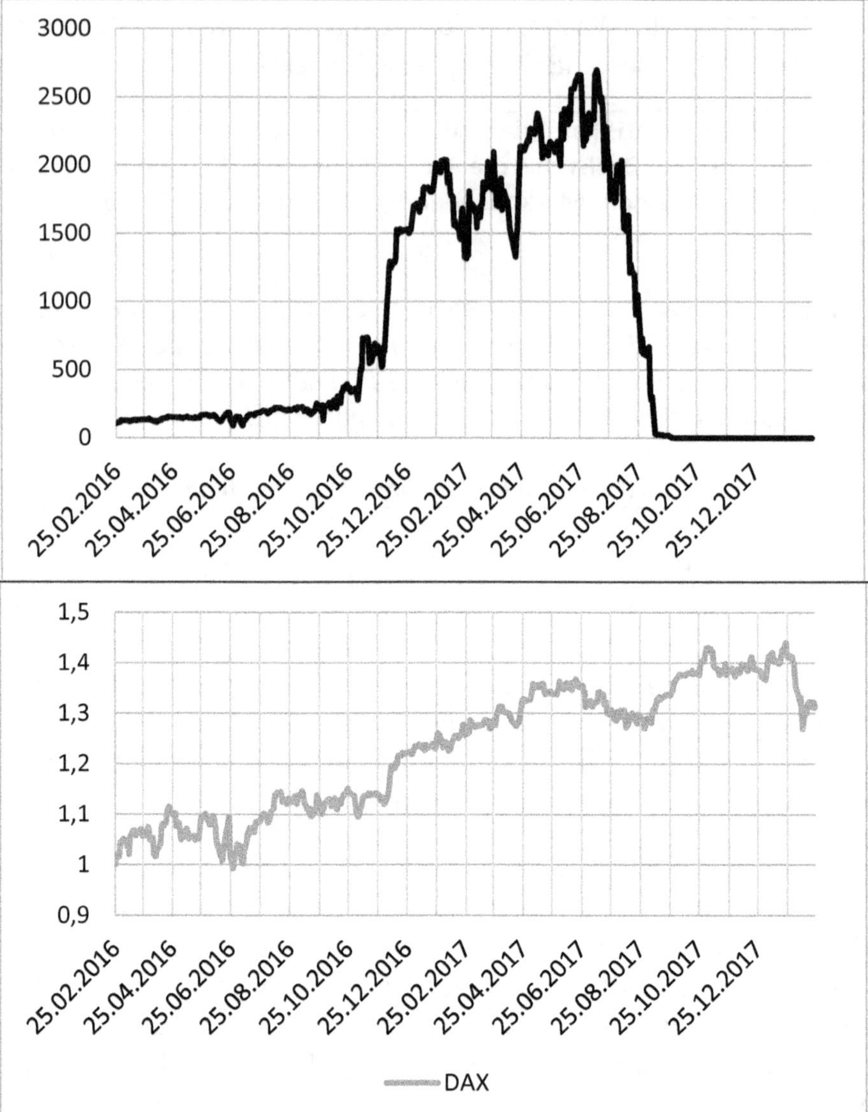

| 10 Mio. Euro Investorengeld wurde vernichtet! Und ich habe vorgewarnt, dass es sehr gut für Zocker aber in keinem Fall für Investoren passt! https://letyourmoneygrow.com/2017/06/11/wikifolio-irex-wellenritt-tsunami/ |

Abbildung 3.6 Aufstieg und Fall des Wikifolios „IREX"

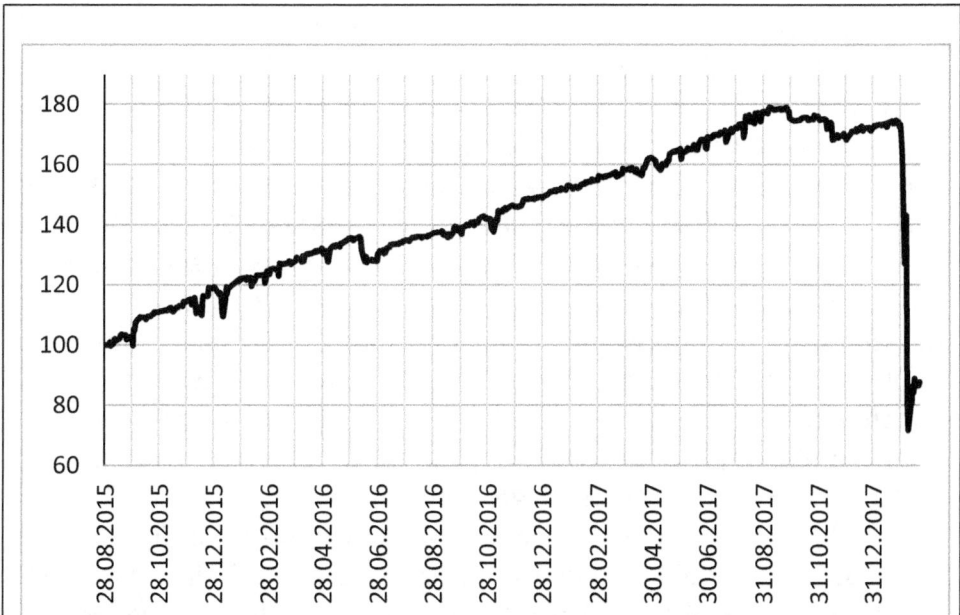

Abbildung 3.7 Wikifolio „ProReturn". Manche glauben, man wird die Verluste ausgleichen (am 22.02.2018 betrug das investiertes Kapital € 2.912.555).
Wie immer: wer nicht lernen will, wird viel Lehrgeld bezahlen.

Zweiter typische Fehler ist Hebel einzusetzen (auf Englisch „Overbetting"). Nehmen wir an, eine Aktie kann (jeweils mit Wahrscheinlichkeit 50%) entweder +170% steigen oder -70% fallen. Solche Fälle gab es genug: Nokia, Nordex, um nur einige zu nennen. Weiter nehmen wir an, man hat sein ganzes Kapital (sei es z.B. €1000) in solcher Aktie investiert.

Wollen wir nun den Erwartungswert formal definieren und diesen für das Endvermögen in unserem Fall kalkulieren.

$$\mathbb{E}[X] := \sum_{i=1}^{n} p_i X_i$$

Definition 3.1 Erwartungswert bzw. Mittelwert einer diskreten Zufallsvariable ist die Summe aller möglichen Ergebnisse, gewichtet mit deren Wahrscheinlichkeiten.

Wir haben $p_1 = p_2 = 0.5$, $X_1 = 1000(1 + 1.7) = 2700$ und $X_2 = 1000(1 - 0.7) = 300$

Entsprechend, $\mathbb{E}[X] = 0.5(2700 + 300) = 1500$. So weit, so gut: im Durchschnitt gewinnen wir $500/1000 = 50\%$. Aber was passiert, wenn wir in solche Aktie eine längere Zeit investiert bleiben?! Da die Wahrscheinlichkeiten des Gewinns und des Verlusts 50/50 sind, wird die Anzahl der Gewinn- und Verlustperioden am wahrscheinlichsten (ungefähr) gleich sein. Dabei ist es lt. Formel 2.2 egal, in welcher Reihenfolge die Gewinne und Verluste geschehen, da die Multiplikation kommutativ ist. Deshalb können wir o.B.d.A.[63] annehmen, dass nach dem Gewinn der Verlust folgt und schreiben $K_{2N} = 1000[(1 + 1.7)(1 - 0.7)]^N$, wo 2N ist die Anzahl der Halteperioden. Aber wenn N groß genug ist, geht $K_{2N} \to 0$, denn $(1 + 1.7)(1 - 0.7) = 0.81 < 1$. Wie kann es sein, dass das Endergebnis so negativ ist, obwohl der Erwartungswert positiv ist?! Die Antwort ist: es ist möglich, weil auch diese Aktie sogar ohne Hebel zu Volatil ist. Nicht umsonst habe ich betont, Tabelle 2.2 muss man *auswendig* lernen! Um -70% Verlust auszugleichen braucht man +233.33% Gewinn („lediglich" +170% reicht nicht aus)! Apropos, wenn man in diese Aktie nicht sein ganzes Kapital investiert, sondern nur 42% davon, hat man $(1 + 0.42 * 1.7)(1 - 0.42 * 0.3) = 1.21$ bzw. $\sqrt{1.21} = 1.10$, also kann man über die durchschnittliche Rendite von 10% reden. Zur Erinnerung: durchschnittliche Rendite im Zinseszins-Sinne berechnet man als *geometrischer* Mittelwert, deshalb „$\sqrt{}$".

„42% in die Aktie zu halten" bedeutet nicht, dass man 42% seines Geldes *einmal* investiert und dann nichts macht. Sondern bedeutet es, dass man teilweise verkaufen muss, wenn die Aktie steigt und nachkaufen wenn sie fällt, so dass der Kapitalanteil in der Aktie *immer* 42% ausmacht.

Und wie hat man kapiert, dass man genau 42% in die Aktie halten muss? Durch das Kelly Kriterium, also durch die Maximierung der Gleichung $0.5 \ln(1 + 1.7x) + 0.5 \ln(1 - 0.7x)$, welche man auch numerisch mittels R oder Excel lösen kann (Abbildung 3.8).

Und noch ein Beispiel: nehmen wir nun an, die Aktie kann entweder +10% steigen oder -6% fallen, auch mit Wahrscheinlichkeiten jeweils

---

[63] Die Lieblingsabkürzung der Mathematiker, bedeutet „ohne Beschränkung der Allgemeinheit". Kann auch als "ohne Beweis der Annahme" gelesen werden.

50/50. Im Sinne des Kelly Kriteriums lohnt es sich, in diese Aktie 100% investiert zu sein, denn $\sqrt{(1+0.1)(1-0.06)} = 1.0167$. Aber man kann etwa so denken: ja, langfristig wird solche Investment wachsen aber die Durschnittrendite von lediglich 1.67%... kann man die wohl durch den Hebel vermehren?! Tatsächlich kann man, aber nicht unendlich[64].

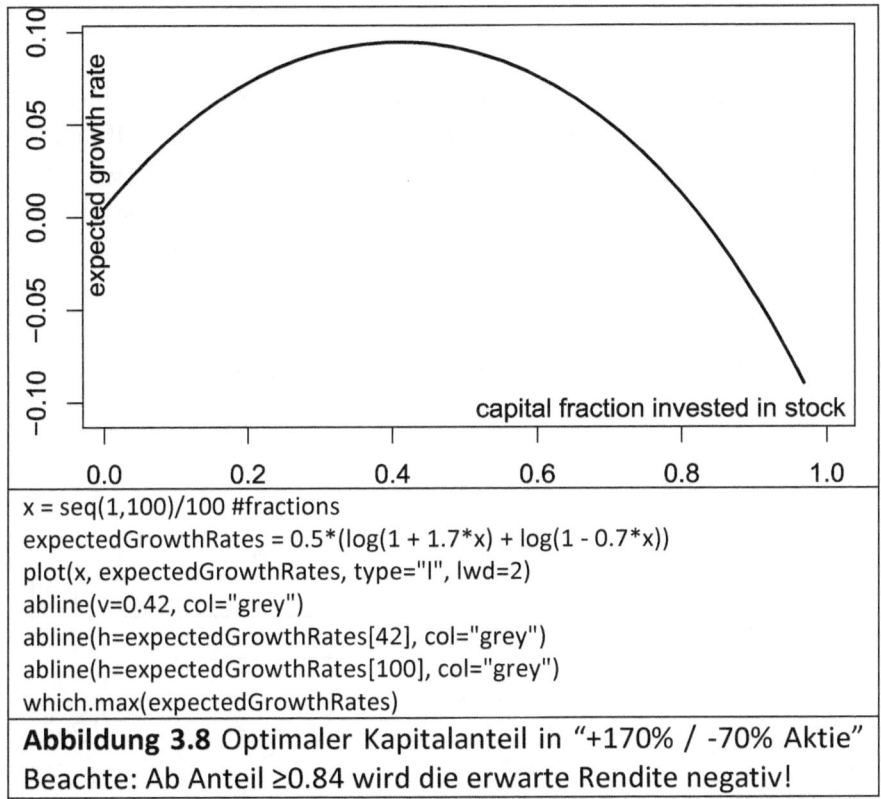

```
x = seq(1,100)/100 #fractions
expectedGrowthRates = 0.5*(log(1 + 1.7*x) + log(1 - 0.7*x))
plot(x, expectedGrowthRates, type="l", lwd=2)
abline(v=0.42, col="grey")
abline(h=expectedGrowthRates[42], col="grey")
abline(h=expectedGrowthRates[100], col="grey")
which.max(expectedGrowthRates)
```

Abbildung 3.8 Optimaler Kapitalanteil in "+170% / -70% Aktie" Beachte: Ab Anteil ≥0.84 wird die erwarte Rendite negativ!

Schauen wir mal, was passiert wenn man den Hebel von 10 einsetzt. Dann gilt $\sqrt{(1+10*0.1)(1-10*0.06)} = 0.8 < 1$, was auf Dauer zum Totalverlust führt.

> **Nun soll die Gefahr von Hebelprodukten, u.a. CFDs, Knock-Out Zertifikaten und Binären Optionen klar sein!**
> **ZU STARKER HEBEL MACHT PLEITE!**

---

[64] Optimaler Hebel beträgt 3.33 und wird die erwartet Rendite von 3.22% bringen

Nicht umsonst läutet die 7. Goldenregel von Einstein: *"Niemals Optionsscheine, CFD's oder Derivate kaufen, bringen mittelfristig immer Totalverlust!"* Formal gesehen es ist nicht ganz korrekt, weil nicht diese Finanzprodukte an sich, sondern deren Hebel gefährlich ist. Aber praktisch gesehen ist die Regel voll richtig. Und nicht umsonst gibt es keine *dauerhaft* erfolgreichen Wikifolios, die vorwiegend in die Hebelprodukte investieren. Dafür aber gibt es viele *epic failures*, „IREX" und „ProReturn" gehören dazu.

Der Dritte Fehler ist die Kosten nicht zu beachten. In diesem Sinne sind die Hebelprodukte auch notorisch. Z.B. ist es nicht unüblich, dass der Geld-Brief Spread bei Knock-Out Zertifikaten ca. 2% ausmacht. Um *systematisch* profitabel zu handeln ist es notwendig[65], den Erwartungswert der Tradeergebnisse (Definition 3.1) positiv zu halten. Nehmen wir an, man fixiert Gewinn bzw. Verlust, soweit sich der Kurs um $x\%$ ändert. Welche Gewinnwahrscheinlichkeit muss man haben um *break-even* zu bleiben? Egal ob man gewinnt oder verliert, den Spread muss man auf jeden Fall zahlen. Deshalb gilt es lt. Definition 3.1: $$p(1+x-0.02)+(1-p)(1-x-0.02)=1$$ bzw. $p = 0.5 + 0.01/x$

x	p
0,1	0,6
0,2	0,55
0,3	0,533
0,4	0,525
0,5	0,52
Tabelle 3.1 Bedeutung von scheinbar kleinen Geld-Brief Spread	
Zur Erinnerung: selbst Einstein hat $p \approx 0.57$!	

Andere sehr teurere Kostenstelle sind die Verwaltung- und Performancegebühren (management und performance fees). Die sogenannten Robo-Advisors werben mit angeblich kleinen Kosten. Schauen wir mal, was z.B. die „kleine" Gebühr von 0.5% p.a. auf Dauer

---

[65] Aber in keinem Fall ausreichend, wie Du grade beim Thema "Hebel" gesehen hast.

bedeutet! Der Gebühreneffekt will sich ja nicht zeigen, auch auf die Abbildung 3.9a ist der Unterschied nicht so sichtbar. Trotzdem ist er groß, und zwar wäre in diesem Fall das Endvermögen ohne Kosten €284609, mit kosten ist es nur €259411. Man hat also _10% des Vermögens_ verschwendet! Und die Wirkung ist nicht nur wegen Kostenentnahmen an sich (€14670), sondern auch wegen ausgefallenes Zinsertrags (€10527).

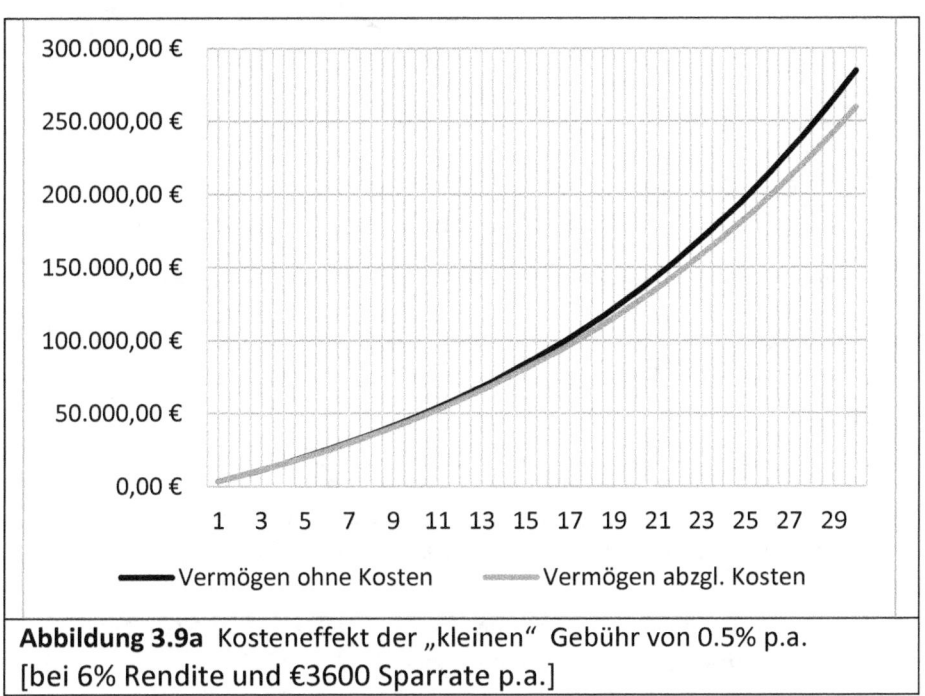

Abbildung 3.9a Kosteneffekt der „kleinen" Gebühr von 0.5% p.a. [bei 6% Rendite und €3600 Sparrate p.a.]

Und damit der Effekt doch auch grafisch gut sichtbar wird, betrachten wir den Fall „1.5%" Gebühren p.a. Bei vielen aktivgemanagten Fonds ist es eine repräsentative Zahl. Hier lässt sich der Vermögensausfall doch sehr gut sehen (er beträgt 32%)!

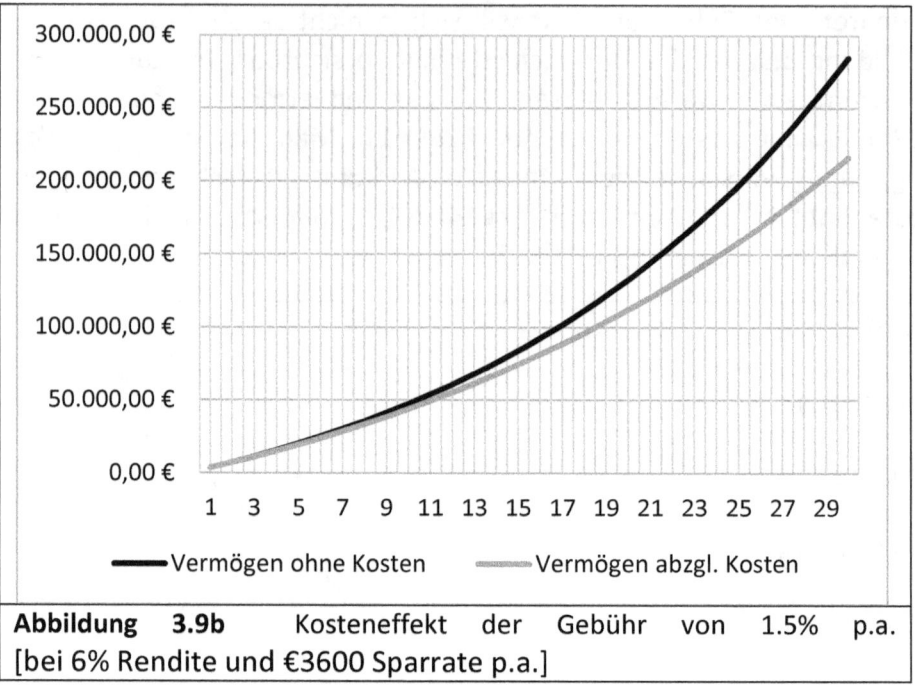

Abbildung 3.9b Kosteneffekt der Gebühr von 1.5% p.a. [bei 6% Rendite und €3600 Sparrate p.a.]

Aber auch nicht vergessen:
1) GUTE LEISTUNG MUSS GUT BEZAHLT WERDEN
2) DEN KOSTENLOSEN KÄSE GIBT ES NUR IN DER MAUSFALLE!

Sobald ein Robo-Advisor oder Fondmanager UNTER DEM STRICH mehr Wehr schafft, lohnen sich die Kosten!
Bloß schaffen den Mehrwert nur die Wenigen.

Kapitel 4: Dein Weg zur Zielrendite: Best Practice

Bevor wir endlich dazu kommen, was Du tun solltest um Deine Zielrendite höchstwahrscheinlich zu erreichen, empfehle ich Dir die Abbildung 4.1 *aufmerksam* zu betrachten und diese mit der Abbildung 2.5 zu vergleichen.

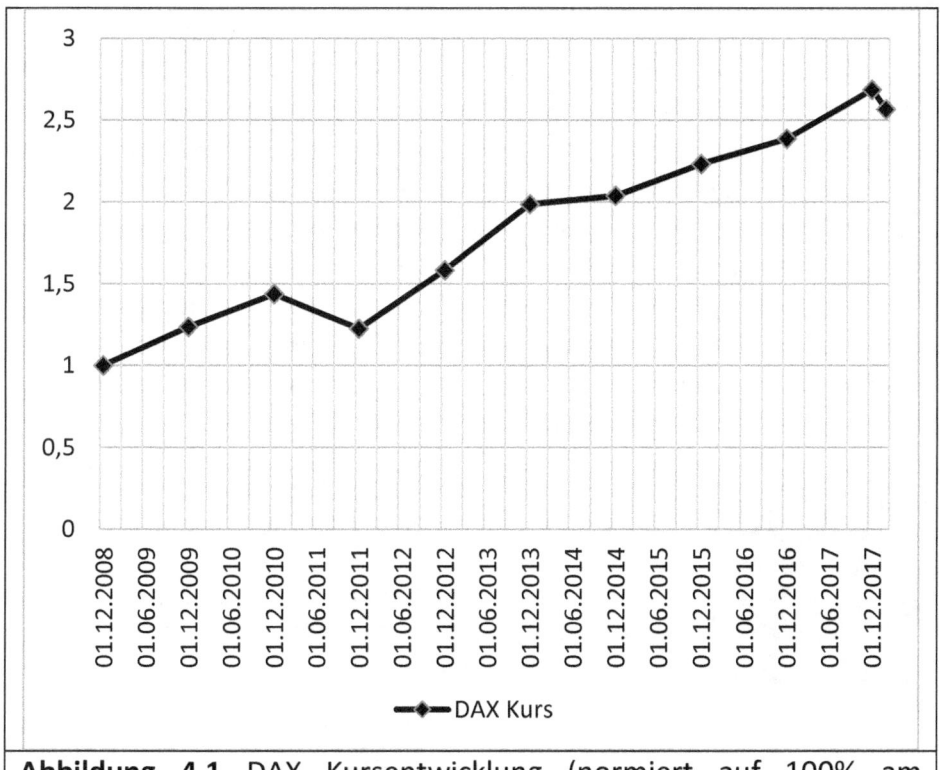

Abbildung 4.1 DAX Kursentwicklung (normiert auf 100% am 30.12.2008) bis zum 15.02.2018

Wozu? Na ja, gewisse Ähnlichkeiten gibt es schon. Zwar beträgt das Wachstum seit dem Anfangspunkt bei der Abbildung 4.1. „lediglich" 2.5, die 10 Jahre sind schon vorbei und das ist eine gute Frist dafür, dass die nächste Finanzkrise kommt. Und wenn das der Fall sein wird, dann werde ich als „Prophet" berühmt, etwa wie Max Otte mit seinem „Der Crash kommt". Und dann kann ich meinen Investmentfond eröffnen und fette Gebühren für nichts kassieren ☺. Aber Du, mein Leser, wirst Dich nicht [mehr] reinlegen lassen, nicht wahr?! Vor allem wirst Du überprüfen, ob mein Track Record nach wie vor gut ist und einschätzen, ob sich meine Gebühren wirklich lohnen? Zumindest hoffe ich so, denn **die erste und die wichtigste Best Practice ist alle Empfehlungen kritisch zu betrachten**. Das gilt auch für meine Empfehlungen!

Daraus folgt unmittelbar **die zweite Empfehlung:** wenn ein Börsenanalyst – sei es technische oder fundamentale Analyse – etwas sagt, solltest Du vor allem *cui bono?* (wem zum Vorteil?) kritisch hinterfragen. Und natürlich über den „Track Record" nicht vergessen. Am besten soll dieser Track Record eine Trading bzw. Investment Performance darstellen. Und wenn es nicht gibt, dann sollte zumindest die Statistik vorhanden sein, wie häufig dieser Analyst richtig prognostiziert hat und wie häufig er daneben war. Leider gibt es meines Wissens keine Webseite, die die Trefferquoten von solchen Analysten protokolliert. Wenn Du bereit bist, deinen „Lieblingsanalyst" zu protokollieren, melde Dich, ich werde eine entsprechende online-Schnittstelle auf letYourMoneyGrow.com implementieren. Aber in den meisten Fällen lohnt es sich nicht, Deine Zeit auf diese Analyse zu verschwenden. Der Markt ist fast nie prognostizierbar!

| Lieber melde dich bei letYourMoneyGrow.com an: Du kannst mit einem Klick mit Deinem Facebook, Google+, Twitter oder LinkedIn Profil anmelden. Und wenn was wirklich Wichtiges kommt (etwa wie Krim oder Brexit) dann werden wir Dich benachrichtigen, und zwar kostenlos. |

Bevor wir zu den weiteren bewährten Praktiken gehen, diskutieren wir, welche Zielrendite Du eigentlich brauchst. Dazu werden wir die Themen *Volatilität* und *Rebalancing* besprechen.

Wie Du wahrscheinlich gesehen hast, bin ich ständig von der Zielrendite von 6% p.a. ausgegangen. Wie schon mehrmals gesagt, bietet der (Aktien)markt etwa solche Rendite langfristig an. Auch nach Heubeck-Methode (weit anerkanntes Verfahren für die Berechnung der Pensionsrückstellungen) kommt der Rechnungszins von 6% vor. Last but not least ist das diejenige Zielrendite, welche *ich* auf meinem Sparplan brauche, um die Altersarmut halbwegs zu vermeiden. Und wahrscheinlich bist *Du* auch etwa 40 Jahre alt (und deshalb brauchst auch Du solche Zielrendite). Wieso vermute ich, dass Du etwa 40 bist? Na, weil dieses Buch „Altersarmut verhindern" heißt und nur wenige junge Leute rechtzeitig über ihre Altersvorsorge nachdenken. Aber wenn Du jung *und* klug bist, um so besser für Dich! Z.B. wenn Du bereits ab 30 Jahren anfängt vorzusorgen, dann sollten Dir etwa 4% p.a. ausreichen!

Aufgabe: Prüfe diese Aussage mittels https://letyourmoneygrow.com/2017/04/04/altersarmut-bekampfen-berechne-du-fur-deine-altersvorsorgung-sparen-kannst/
Beachte, wie Du das angesparte Kapital in die Lebensrente (theoretisch) umwandeln könntest.

Darüber hinaus: wenn Du in die Rente gehst, wird Dein angespartes Kapital nicht auf einmal verbraucht, sondern wird ein Teil davon jeden Monat entnommen. Dann kann man das verbleibende Kapital doch weiter wachsen lassen, nicht wahr?! Na ja, wegen das Langlebigkeitsrisikos kann es sich wohl löhnen, dieses Kapital zu verrenten. Aber wenn die Versicherungen irgendwas deutlich unter dem Niveau anbieten, welches durch meinen Rechner kalkuliert wird, dann sollte man tatsächlich sein Kapital auch weiter wachsen lassen. Natürlich viel vorsichtiger als während der Aufbauphase!

Und solche „vorsichtige" Rendite ist *viel* einfacher zu erwirtschaften. Das weise ich mit meinem Wikifolio „Smooth growth faster than bonds" nach (nochmal zur Erinnerung: ausschließlich für Lernzwecken, ich rate von Investment in Wikifolios – u.a. meine eigenen – stark ab). Dieses wikifolio hat als Ziel stetiges und vor allem *nachhaltiges* Wachstum ohne großen temporären Verluste (Drawdowns). Wie Du siehst, hat es mit stetiger Wachstum nicht ganz geklappt, aber dass ich fast[66] nie im Minus ging, lässt sich gut sehen! Zurzeit hat dieses Wikifolio die jährliche Nettorendite von 4.3%! Um meine Performance nachweislich zu machen, erreiche ich die Rendite durch eine lange

---

[66] Ganz am Anfang gab es solche (sehr kurze) Periode, während derer der Kurs unter dem Anfangswert von 100 rutschte. Damals war dieses Wikifolio noch in Testphase und das könnte ich spurlos löschen, wenn ich schummeln wollte. Aber ich wollte nicht, will nicht und werde nicht wollen!

Folge von kleinen Trades. Aber ich könnte das auch durch schlaues *Rebalancing* machen. Damit könnte ich die Gebühren praktisch auf Null halten, was zusätzlich noch 1% Rendite p.a. bringen würde!

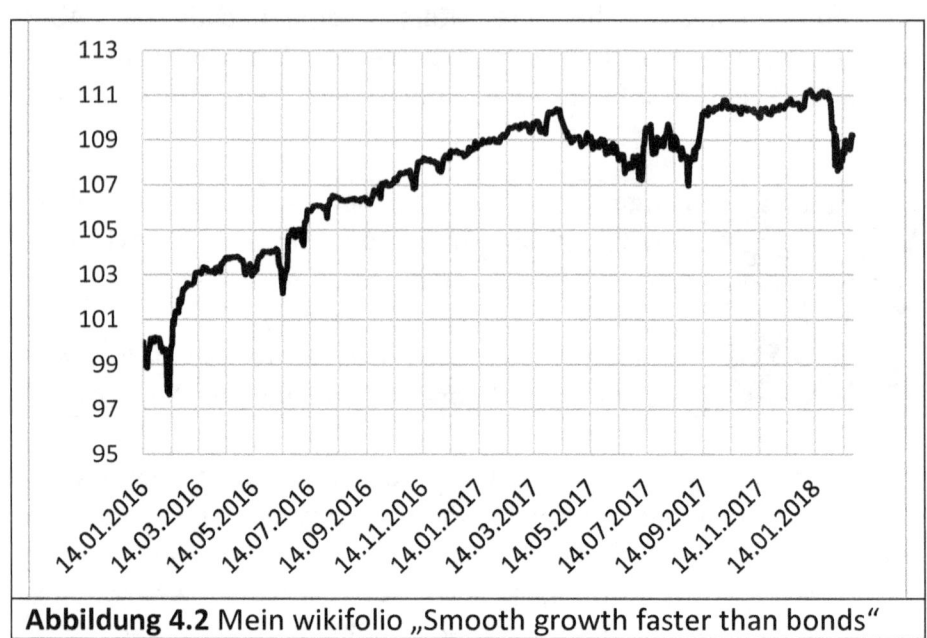

Abbildung 4.2 Mein wikifolio „Smooth growth faster than bonds"

Rebalancing ist nichts anders als die Portfolio-Umschichtung. Diese findet periodisch (normalerweise am Monats- oder Quartalsende) oder ad-hoc (bei Sonderereignissen wie Brexit) statt. Ein Beispiel von Rebalancing haben wir schon gesehen, und zwar bei der Aktie, welche entweder +170% oder -70% brachte. Wir haben festgestellt: es sei optimal, immer 42% des Kapitals in dieser Aktie zu halten. Dadurch wurde die erwartete Rendite maximiert aber auch die *Volatilität* wurde reduziert. Die Volatilität kann man als die Schwankung bzw. das Streuungsmaß verstehen. Eigentlich ist das die *Standardabweichung* der Renditen. Diesmal werden wir ohne Formeln auskommen (diese kannst Du in jedem Lehrbuch für Statistik nachschlagen). Stattdessen werden wir die Volatilität anschaulich erklären. Schau mal die Zeitreihe der Tagesrenditen von mDAX auf der Abbildung 4.3. Man sieht, dass die mal wenig und mal viel schwanken. Darüber hinaus sieht man, dass die Perioden mit hohen Schwankungen (also mit hoher Volatilität) mit den Bärenmarktphasen zusammenfallen. Das ist ja logisch, wenn Du die Tabelle 2.2 auswendig gelernt hast. Fällt der Kurs um 1%, reicht +1.01% und den Verlust auszugleichen. Fällt der Kurs jedoch um -5%, so braucht man +5.26% zum Ausgleich. Und wie sich die „kleinen" Prozentteile kumulieren, hast Du schon mehrmals gesehen.

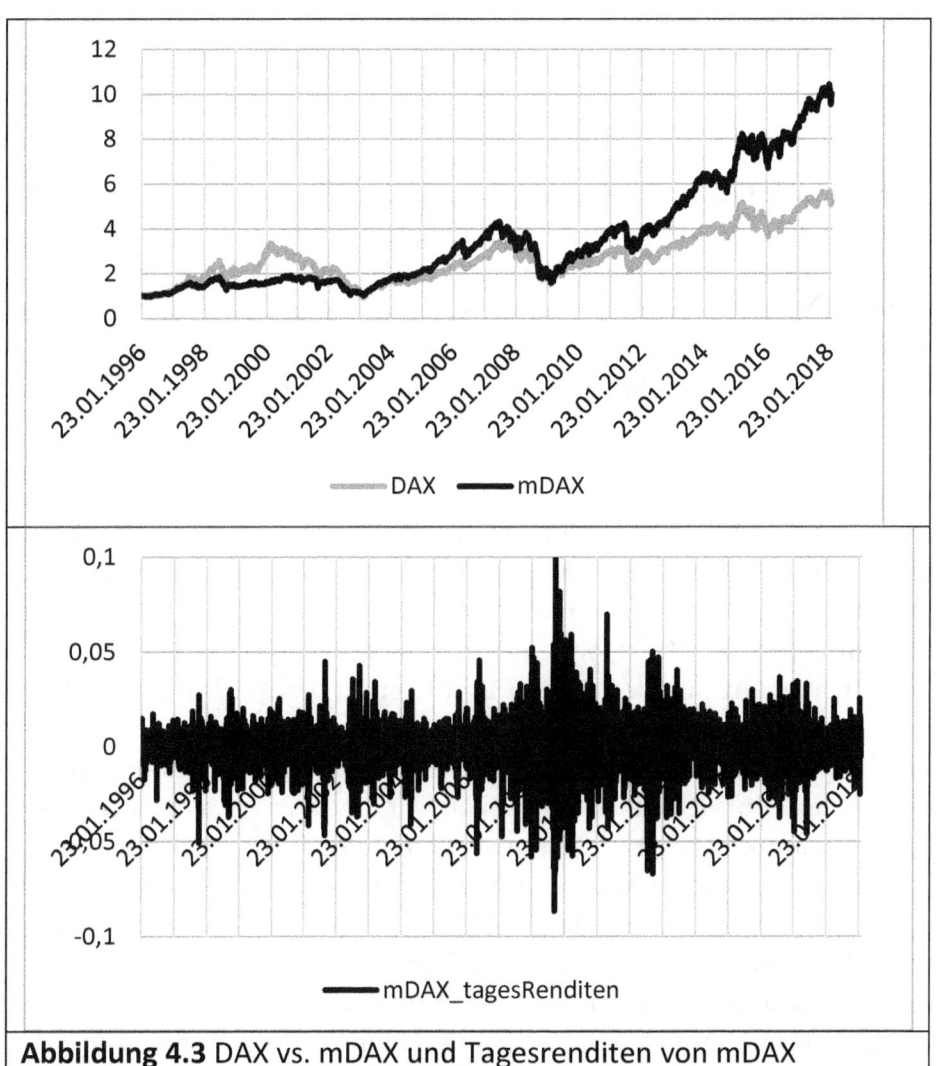

Abbildung 4.3 DAX vs. mDAX und Tagesrenditen von mDAX

Wenn man einen ETF (exchange traded fund) auf Aktienindex kauft, reduziert man die Volatilität. Zwar schwanken die Aktienrenditen überwiegend in gleicher Richtung, besteht es keine hundertprozentige Interdependenz. Deshalb gleichen sich die Schwankungen teilweise aus. **Das nennt sich *Diversifizierung*.**

 **Aufgabe:** schau mal die Scatterplots (Punktwolken) von den DAX-Renditen und die Renditen der einzelnen Aktien aus DAX http://www.letyourmoneygrow.com/wp-content/uploads/2016/09/c_DAX_diversification_limits_scatterplots_of_daily_returns.png

Um einzuschätzen, ob die aktuelle Volatilität hoch oder niedrig ist, lohnt es sich die Grafik von *täglichen* Renditen wie Abbildung 4.3 zu schauen. Aber wenn es zu Berechnungen kommt, wird die Volatilität normalerweise *annualisiert*[67] (zur Erinnerung: auch die Zinsen und Renditen kalkuliert man normalerweise per annum). Um die Volatilität auf jährliche Basis umzubrechen, muss man die Tagesvola mit $\sqrt{252} = 15.87$ multiplizieren (252 ist die Anzahl der Arbeits- bzw. Handelstage im Jahr).

Nun kommen wir zur **dritten Bestpractice: wie Du am einfachsten Deine Zielrendite von etwa 6% p.a. mit minimalem Aufwand erreichst** (und dabei noch was Gutes für Dein Land tust). Das einfachste Portfolio, welches es (mit höher Wahrscheinlichkeit[68]) erlaubt, besteht aus den Aktien und Cash-Reserven. Die Aktien kann man wiederum auf Amerikanische, Deutsche/Europäische, Japanische/Asiatische und die Schwellenländer-Aktien (grob) unterteilen. So welche Aktien sollen wir betrachten, wenn wir Dein Portfolio am einfachsten halten wollen? Da wir ein Volk sind, sollte man m.E. (zumindest ceteris paribus[69]) einen gewissen Patriotismus auch als Investor ausprägen. Und wenn man die Deutschen Aktien auswählt, bleibt die Rendite glücklicherweise nicht im Übrigen gleich, sondern kann man eine höhere Rendite erwarten! Aber was sind die Deutschen Aktien?! Es gibt Tausende davon und wenn man über „die Besten" spricht, fällt mindestens DAX, mDAX, sDAX und TecDAX ein. Wie Du wahrscheinlich schon kapiert hast, empfehle ich vor allem die mDAX Aktien. Vor allem, weil der mDAX den DAX schlägt (Abbildung 4.3) und mit dem amerikanischem S&P500 praktisch Kopf-an-Kopf

---

[67] So ist auch der Fall mit unseren Sparplan Szenario Simulator (s. 43)
[68] Nochmal zur Erinnerung: es gibt keine risikolosen Aktienportfolios.
[69] Im Übrigen gleich (lat).

wächst[70]. Klar ist die Vergangenheit keine Garantie für Zukunft, aber ich bin mir ziemlich sicher, es wird auch so bleiben, weil solide mittelständische Unternehmen die größte Stärke Deutschlands sind! Der TecDAX ist ein bissle zu volatil. Und was ist mit dem DAX, enthält er ja die besten 30 Deutsche Unternehmen?! Jein! Das sind vor allem die 30 *größten* Unternehmen aber ob die wirklich die besten sind, das ist wirklich eine gute Frage. Ich kann (und will) nicht alle 30 pauschal schlecht reden, aber nicht umsonst habe ich die Daimler als „Anti-Vorbild der Deutschen Misere" bezeichnet! Und inwieweit sind die größten Konzerne wirklich *Deutsche* Unternehmen?! Schau mal an: die wichtigsten Märkte für Daimler[71] sind China und die USA, Deutschland steht lediglich am 3. Platz! Ok, das ist wohl nicht so schlimm, letzten Endes ist die ganze Deutsche Wirtschaft im Wesentlichen exportorientiert. Aber welcher Anteil von den DAX Unternehmen gehört Ausländern?! Schätzungsweise bis Zwei Drittel[72]! Eigentlich kein Wunder, da das große Kapital keine Heimat hat! Alles das bedeutet natürlich nicht, dass Du auf Investitionen in DAX verzichten solltest. Aber m.E. ist es nun klar, warum ich den mDAX favorisiere.

Ok, wie kommst Du denn zu Deiner Zielrendite am einfachsten? Nun, wenn Du wirklich *„am einfachsten"* willst und Dein Sparplan mindestens 20 Jahre läuft, dann investiere Deinen *ganzen* monatlichen Sparbetrag in einer mDAX-ETF mit kleinsten Verwaltungsgebühr und tracking error[73]. Wie Du weißt, ist auch 20 Jahre Laufzeit keine Gewinn-Garantie. Langfristige historische Durchschnittsrendite beträgt bei dem mDAX ca. 7.2%. Ja, mDAX existiert erst seit 1996, so kann man über die Langfristigkeit nur bedingt reden. Aber mDAX ist auch Aktien und die Aktien werden langfristig eher wachsen. Darüber hinaus war mDAX in den letzten Jahren stärker als der DAX. Dazu gibt eine ökonomische Begründung (Deutschland ist mit seinem Mittelstand am stärksten), so können wir hoffen, dass es auch so bleibt. Natürlich können wir da nicht sicher sein. Risiken gibt es leider immer genug! Und wenn Du das Buch von Thilo Sarrazin „Deutschland schafft sich

---

[70] S&P500 ist historisch gesehen doch etwas renditenstärker, bringt aber wesentliche Währungsrisiken mit.
[71] https://www.daimler.com/investoren/kennzahlen/wichtigste-maerkte/
[72] http://www.faz.net/aktuell/finanzen/cfo/wie-viel-vom-dax-gehoert-auslaendern-die-besitzquote-13166927.html
[73] Tracking error zeigt, wie stark der ETF vom Zielindex abweicht.

ab" noch nicht gelesen hast, tue es! Kritisch und emotionslos, betrachte dabei seine Beobachtungen wie sich das Bildungsniveau in Deutschland degradiert. Auch ich selbst kann leider bestätigen, dass die mathematische Bildung in Deutschland drastisch gefallen ist.

Jahresende	Rendite im Jahr	Geom. durchschnittsrendite seit Jahresanfang bis 29.12.2017
30.12.1997	21,8%	7,2%
30.12.1998	5,8%	6,5%
30.12.1999	5,0%	6,5%
29.12.2000	13,0%	6,6%
28.12.2001	-7,8%	6,2%
30.12.2002	-35,8%	7,2%
30.12.2003	39,0%	10,9%
30.12.2004	18,5%	9,1%
30.12.2005	30,8%	8,4%
29.12.2006	25,2%	6,7%
28.12.2007	4,8%	5,2%
30.12.2008	-56,6%	5,3%
30.12.2009	29,3%	16,1%
30.12.2010	29,9%	14,6%
30.12.2011	-13,0%	12,5%
28.12.2012	29,2%	17,5%
30.12.2013	33,0%	15,3%
30.12.2014	2,2%	11,2%
30.12.2015	20,4%	14,4%
30.12.2016	6,6%	11,5%
29.12.2017	16,6%	16,6%

Tabelle 4.1 Jahresrenditen vom mDAX

Wenn es so weiter geht, dann wird der Fachkraftmangel in Deutschland wirklich der Fall sein (aktuell – obwohl man darüber viel redet – gibt es nur den Mangel an diejenigen Fachkräfte, die hochqualifiziert sind *und* sich billig verkaufen wollen[74]). Dann werden

---

[74] Ich kann nicht für alle Branchen sprechen, aber die Softwareentwickler, Data Scientists und Quants(Finanzmathematiker) werden in USA viel besser belohnt. Und auch in vielen anderen Ländern, wenn man das Verhältnis „Gehalt/Lebenskosten"

auch die mittelständischen Unternehmen große Schwierigkeiten erfahren... Wie dem auch sei: selbst wenn wir nicht wirklich <u>langfristig und zuverlässig</u> planen können, müssen wir langfristig agieren, und zwar schon jetzt! Deshalb wählen wir eine robuste Richtlinie (Investment in Aktien) und konkret machen wir das, was aus *aktueller Sicht* am besten ist. Und falls wir sehen, dass der Deutsche Mittelstand nicht mehr wettbewerbsfähig ist, werden wir unsere Investitionen in Chinesische Firmen umschichten[75].

Deshalb: kenne Deine Risiken[76] aber mach so wie beschrieben, wenn Du es wirklich *einfach* halten willst. Und geht es besser?! Sehr wohl ja, insb. wenn Du genug früh vorzusorgen anfängst und Dir eine kleinere Zielrendite (etwa 4% p.a.) reicht. Nach wie vor gehe ich davon aus, dass Dein Sparplan (mindestens) 20 Jahre dauern wird. Während der ersten 10 Jahre wird jeder monatliche Beitrag in einen mDAX-ETF angelegt. Danach bist Du sehr wahrscheinlich (jedoch nicht garantiert) im Plus.

Wenn ja, dann fängst Du mit *Rebalancing* an. Am Anfang des 11. Jahrs verkaufst Du 10% Deiner ETF Anteile, so dass Dein Kapital 90% in mDAX und 10% in Cash angelegt wird[77]. Deine Sparraten kommen noch und jeden Monat sorgst Du dafür, dass die Aufteilung 90% zu 10% besteht. Sprich, wächst der ETF Kurs, so geht deinen Sparbetrag an Cashpool und ggf. wird einen Teil von ETF Bestand verkauft. Hingegen, fällt der ETF Kurs, so wird von Cashpool bzw. Sparbetrag nachgekauft. Am Anfang des 11. Jahres hältst Du 80% in mDAX ETF

---

betrachtet.
Deshalb muss man nicht naive denken, dass man immer hochqualifizierte Ausländer anstellen kann. Selbst in Ukraine, die unter Krieg in Donbass und Korruption leidet, wollen nicht so viele Softwareentwickler das Land verlassen. Denn €1000 in Ukraine ist wesentlich mehr als €2000 in Deutschland. Mehr dazu kannst Du auf dou.ua lesen (falls Du Russisch bzw. Ukrainisch beherrschst ☺).
[75] Ich hoffe und glaube, wir werden dieses Szenario vermeiden können (und seien unsere Investitionen in Heimat-Unternehmen dafür behilflich)! Sonst werden bei uns viel schärfere Probleme als die Altersarmut entstehen.
[76] Apropos, beträgt die langfristige Jahresvolatilität vom mDAX 23.5%, so kannst Du unseren Sparplan Szenario Simulator benutzen.
[77] Evtl. wird es in 10 Jahren wieder die Zinsen auf Tagesgeldkonto geben. Dann kann es sich einen höheren Cashanteil löhnen. Wie schon gesagt, sollte sich die Sparplanoptimierung an Umstände anpassen, anstatt eingefroren zu bleiben.

und 20% in Cash und machst Rebalancing analog. Am Anfang des 12. Jahres soll das Verhältnis 70/30 sein, usw.

Und wenn Du Pech hast und in 10 Jahren immer noch auf Verlusten sitzt?! Dann wartest Du bis die Verluste ausgeglichen werden (sei es beispielsweise in 5 Jahren) und dann fängst Du mit Rebalancing an. Nun aber intensiver: 80/20 für 16. Jahr, 60/40 für 17. Jahr, 40/60 für 18. Jahr, 20/80 für 19. Jahr und 100 Cash für das letzte 20. Jahr...

Und kann es sein, dass die Verluste auch in 20 Jahren nicht ausgeglichen werden?! Wie Du schon weißt, ist zwar unwahrscheinlich (und historisch war es noch nie der Fall), aber nicht ausgeschlossen! Und gibt es noch sicherere Variante?!

Ja! Und darüber hinaus wird diese Variante höchstwahrscheinlich nicht nur mehr Sicherheit, sondern ggf. mehr Rendite bringen! Wie ist das möglich? Durch *Diversifizierung* und das fortgeschrittene Rebalancing, sowie die Ausnutzung der Chancen, welche Mr. Market *ab und zu* schenkt. Wie schon betont, haben wir auf dem Deutschen Mittelstand als Kompromiss der Effizienz und Einfachheit konzentriert. Aber die Deutschen Aktien ist nicht die einzelne Variante. Es gibt noch, wie gesagt, die Amerikanischen, Asiatischen und Schwellenländer Aktien. Darüber hinaus gibt es auch Renten (Zinsen)! Ja-ja, der (Anlage)zins ist nur in Europa tot (und auch in Europa nicht überall)! Aber Z.B. zahlen aktuell die langfristigen Amerikanischen Bundesanleihen[78] fast 3% p.a.! Ja, die bringen das Währungsrisiko mit aber mittlerweile ist der Dollar so günstig (was sich fundamental kaum erklären lässt), dass diese Währungsrisiken eher als Währungschancen anzusehen sind! Außer Renten kann man in die Edelmetalle[79] und Immobilien[80] investieren.

---

[78] https://letyourmoneygrow.com/2017/12/21/zinsen-gibt-es-der-usa/
[79] Edelmetalle sind nicht die einzelnen Rohstoffe aber nur die lassen sich (ohne wesentlichen Kosten) physisch lagern. Die Investments in anderen Arten von Rohstoffen geschehen normalerweise durch die Futures. Dummerweise werden die Rohstoffe üblich mit Contango gehandelt, d.h. Futures-Preise sind höher als der Spot-Preis. Aber je näher es zum Fälligkeitsdatum wird, desto näher kommt der Futures-Preis zum Spot-Preis. Bevor der Futures fällig wird, muss man *rollen*: den Futures verkaufen und den mit dem nächsten Fälligkeitsdatum kaufen (sonst kriegt man den Rohstoff physikalisch geliefert). Dadurch entstehen die *Rollover-Kosten*,

> Die Idee des „optimalsten" Investment-Verfahrens besteht darin, dass man sein Kapital unter mehreren Asset-Klassen verteilt und dadurch sowohl eine bessere Diversifizierung als auch mehr Rendite erreicht.

Aber das ist leichter gesagt als getan. Viele Robo-Advisors versuchen diese Idee sehr naive zu implementieren. Dabei setzen sie am häufigsten die sogenannte „Moderne Portfoliotheorie" von Harry Markowitz ein (apropos, diese „moderne" Theorie wurde im Jahre 1952 konzipiert).

 Mathematisch gesehen, können die Moderne Portfoliotheorie und die ähnlichen Methoden deswegen nicht funktionieren, weil das Endeergebnis zu den Schätzungsfehlern von erwarteten Renditen und (Co)varianzen sehr empfindlich ist. Mehr dazu gibt es unter:
https://letyourmoneygrow.com/2016/09/16/stripping-down-the-robo-advisors-sparrow-brains-inside/

> Und noch besseres Argument: Harry Markowirz selbst benutzt seine eigene Theorie nicht! Stattdessen hält er 50% in Aktien und 50% in Anleihen[81].

Das bedeutet aber nicht, dass die Idee des „multivariaten" Investmentportfolios schlecht ist. An sich ist die Idee sehr gut, bloß wie gesagt, muss man nicht hoffen, diese Idee einfach realisieren zu können. Praktische Realisierung ist möglich durch die Kombination von modernen Algorithmen, Rechenkraft *und* den menschlichen ökonomischen Verstand[82].

---

welche empfindlich sein können. Deshalb muss man die Investment in Rohstoffen besonders vorsichtig planen.
[80] Immobilien betrachten wir im nächsten Kapitel. Eigene Wohnimmobilie ist häufig (aber nicht immer) eine gute Entscheidung.
[81] „So I split my contributions fifty-fifty between bonds and equities".
[82] Also: Mensch UND Maschine, nicht Mensch GEGEN Maschine. Erinnerst Du Dich z.B. an Ölpreis-Crash im Jahre 2014-2015? Die Maschine kann den Trend merken

Und genau das wollen wir – das Team von letYourMoneyGrow.com – demnächst anbieten. Wie Du gesehen hast, geben wir keine falschen Versprechungen und warnen, dass es das Verlustrisiko immer gibt (auch bei unserem Verfahren). Jedoch können wir ziemlich sicher behaupten, dass unser Verfahren die Risiken reduziert. Auch die Rendite wird dadurch sehr wohl gesteigert, wobei hier sagen wir ganz ehrlich: am meisten Rendite bringen die Aktien pur und das ist ziemlich schwer (auch für uns), den Aktienindex auf *absolute return basis*[83] zu schlagen. Aber Du strebst wohl nicht die maximale *erwartete* Rendite, sondern *Deine* Zielrendite *mit höchster Wahrscheinlichkeit* zu erreichen, nicht wahr?! Dann kann unser Service für Dich sehr wohl helfen.

Kostenlos können wir diesen Service leider nicht anbieten (allein deswegen, weil die guten Markdaten auch das Geld kosten). Aber ab €2/mo (ja, ab zwei Euro pro Monat) ist doch bezahlbar, nicht wahr? Letzten Endes zahlst Du fast immer mehr Geld für einen einzelnen Trade bei Deinem Broker! Und auf jeden Fall ist es viel besser als die scheinbar „kleine" Gebühren von Robo-Advisors (erinnere Dich an der Abbildung 3.9a)! Darüber hinaus werden alle Käufer dieses Buchs einen Rabatt bzw. Willkommensbonus bekommen[84]. Und last but not least, wenn Du alleinerziehende Mutter oder armer Student bist, kriegst Du die Leistung kostenlos!

Wenn Du Dein Portfolio relativ aktiv managen willst und dabei €2/mo. ist für Dich doch zu teuer, dann schau Dir die Abbildung 3.7 nochmal an. In Facebook-Fachgruppe „wikifolio - kritisch und ohne Zensur" habe ich (als der Crash noch nicht kam) angeboten, dieses Wikifolio zu analysieren. Als Entgelt wollte ich von der Gruppe *insgesamt* €100, dabei würde eine Spende an einer beliebigen Wohltätigkeit auch gelten! Viele wollten meine Analyse, da ich vor kurzem den Crash von IREX (Abbildung 3.6) prognostiziert habe. Aber nur ein

---

aber nur der Mensch kann nachvollziehen, dass es hier um die Schieferöl-Revolution geht, so ist der Trend höchstwahrscheinlich zuverlässig. Auch kann kaum ein Algorithmus (auf jeden Fall kein einfacher Algorithmus) die Ölpreise mit Kosten der Ölförderung vergleichen und Angebot/Nachfrage, sowie den Marktsentiment analysieren.

[83] Also rein renditenmäßig, ohne Risiken zu beachten.
[84] Gilt auch für gebrauchte Bücher vom Sekundärmarkt aber nur dann, wenn der ursprünglicher Käufer von dieser Option kein Gebrauch gemacht hat ☺.

Gruppenmitglied hat €5 gespendet. Nun haben aber viele Geizige ihren Preis bezahlt!

Ich will aber nicht, dass Du den Eindruck bekommst, dass ich angeblich sage: ohne unseren Service kannst Du als Investor nichts erreichen. Du kannst, und nicht umsonst habe ich die Wege dazu beschrieben: den einfachsten Weg mit Sparplan und etwas fortgeschrittenen Weg mit Rebalancing. Aber wenn Du mehr willst, dann lohnt sich der Service sehr wohl. Das habe ich nicht nur mit (hoffentlich) gutem Buch, sondern vor allem mit meinem Track Record nachgewiesen.

Und last but not least: an die Börse kann man sein Geld sehr schnell verlieren, insb. wenn man eine unvernünftige Rendite anstrebt. Nur sehr Wenige werden zu den Großmeistern wie Einstein und HBecker. Deshalb warne ich auch davor, jeden 0.1% von Zusatzrendite zu streben (auch wenn 0.1% auf Dauer sehr viel bedeutet). Die Altersvorsorge ist eine gute und nützliche Sache, aber man sollte sein Leben auch *jetzt* genießen. Deshalb, mach aber keep it simple! Du musst weder Einstein noch HBecker sein, um eine ausreichende Rendite (höchstwahrscheinlich) zu erreichen.

 | Denn ein gut diversifiziertes ETF-Portfolio zu haben (und dieses evtl. *ab und zu* mit Einzeltiteln zur Renditenstärkung zu verfeinern) ist relativ einfach. Bezweifelst Du? Dann Schau mal wie ein Kind (aktuell nur 7 Jahre alt) das macht!

https://letyourmoneygrow.com/category/juniordepot/

Nun zum Thema Inflation. Ist die Inflation wirklich so gefährlich? Na ja, für die Sparer ist sie immer schlimm, aber nur halbwegs, soweit sie im Rahmen bleibt. Die durchschnittliche historische Inflation in Deutschland beträgt ca. 2% p.a. für die letzten 25 Jahre. 2% ist auch die Zielinflation der EZB, so werden wir erstmals davon ausgehen, dass es auch so bleibt. Betrachten wir in der Tabelle 4.2, wie die Inflation die Kaufkraft Deines Vermögens beeinträchtigt. Wie Du siehst, frisst die Inflation mehr als Drittel der Kaufkraft. Zum Teil wird es ausgeglichen, wenn Dein Gehalt an die Inflation angepasst wird. Leider ist der Inflationsausgleich der Gehälter keine selbstverständliche Sache. Als ich für die Bundesrepublik Deutschland – Finanzagentur

GmbH arbeitete, hat der Betriebsratsvorsitzende (auch der Schwabe, aber geborener, nicht bekehrter) auf der Betriebsversammlung das folgende Problem zur Sprache gebracht: die Gehälter der außertariflichen Mitarbeitern wurden seit 8 Jahren nicht angepasst. Dann hat damaliger Geschäftsführer eine lange Rede gehalten, deren kurzen Sinn war: man soll jede Gehalterhöhung verdienen. Dann habe ich mich zum Wort gemeldet und gesagt, dass man die Gehaltserhöhung und den Inflationsausgleich unterscheiden muss. Die Antwort war: „Das ist Ihre Meinung und meine ist anders"! Und alle Anderen haben darauf geschwiegen... leider typisch Deutsch.

In Kapitel 1 haben wir kalkuliert: Das Vermögen in Höhe von €166622, verteilt auf 15 Lebensjahre wäre 926 Euro im Monat, was gar nicht so schlecht ist. Wenn man aber nur €103592 zu verteilen hat, hat man lediglich €575 monatlich. Die gute Nachricht, diese €575 kann man bis zum Lebensende schon im Sinne des realen Vermögens betrachten. Klar wird die Inflation auch weiter die Kaufkraft Deines Vermögens wegfressen aber Du kannst Dein Geld auch weiter (vorsichtig) wachsen lassen. Und ca. 3% p.a. darauf zu machen ohne große Risiken einzugehen ist zwar nicht so einfach aber durchaus möglich[85]. Eine (etwas vereinfachte) Berechnung in der Tabelle 4.3 zeigt: eine Zusatzrente im Höhe von €575/mo *im Sinne der realen Kaufkraft* kann man(n) sich schon leisten. Ist das aber nicht wenig? Na ja, als Student lebte ich - bescheiden aber glücklich – mit €650/mo. Im gewissen Sinne sind die Rentner wie Studenten ☺. Als Student musste ich noch meine Krankenversicherung selber zahlen (damals €57/mo)... und hier kommen wir zu einem wichtigen Punkt: *Die durchschnittliche Inflation ist wie die durchschnittliche Körpertemperatur im Krankenhaus*! Wie sich Deinen Wohlstand durch die Inflation beeinträchtigt wird, hängt davon ab, was konkret teuer wird. Ich habe nicht zufällig die Krankenversicherung erwähnt: das wird immer teurerer! Wenn Du in gesetzlicher Krankenkasse bist, ist es Dir relativ egal aber die private Krankenversicherung wird sehr wahrscheinlich für Dich unbezahlbar sein!

---

[85] Mit Überschussbeteiligung schaffen das die Lebensversicherungen sogar trotz den Nullzinsen: https://www.policendirekt.de/magazin/gewinnbeteiligung-aller-lebensversicherungen-fuer-2016/

Jahr	OHNE Dynamisierung der Sparrate		MIT Dynamisierung der Sparrate	
	Gesamtvermögen abzgl. Steuer	Seine Kaufkraft	Gesamtvermögen abzgl. Steuer	Seine Kaufkraft
40	3.600 €	3.600 €	3.600 €	3.600 €
41	7.416 €	7.271 €	7.488 €	7.341 €
42	11.461 €	11.016 €	11.683 €	11.229 €
43	15.749 €	14.840 €	16.204 €	15.269 €
44	20.256 €	18.713 €	21.028 €	19.426 €
45	24.962 €	22.609 €	26.143 €	23.678 €
46	29.876 €	26.529 €	31.563 €	28.027 €
47	35.007 €	30.475 €	37.304 €	32.475 €
48	40.364 €	34.451 €	43.381 €	37.025 €
49	45.959 €	38.456 €	49.811 €	41.680 €
50	51.800 €	42.494 €	56.611 €	46.441 €
51	57.900 €	46.567 €	63.799 €	51.311 €
52	64.269 €	50.675 €	71.394 €	56.294 €
53	70.919 €	54.823 €	79.417 €	61.392 €
54	77.863 €	59.010 €	87.886 €	66.607 €
55	85.114 €	63.241 €	96.825 €	71.942 €
56	92.685 €	67.516 €	106.255 €	77.401 €
57	100.591 €	71.838 €	116.201 €	82.987 €
58	108.846 €	76.209 €	126.688 €	88.701 €
59	117.465 €	80.632 €	137.740 €	94.549 €
60	126.465 €	85.108 €	149.385 €	100.532 €
61	135.863 €	89.639 €	161.652 €	106.654 €
62	145.676 €	94.229 €	174.570 €	112.918 €
63	155.923 €	98.879 €	188.169 €	119.329 €
64	166.622 €	103.592 €	202.483 €	125.888 €

Tabelle 4.2 Kaufkraft des angesparten Vermögens (vgl. Tabelle 1.1)
Annahmen: anfängliche Sparrate 300/mo, Zielrendite 6% p.a.
Inflation und ggf. Dynamisierung der Sparrate 2% p.a.

Natürlich, gibt es das Risiko, dass auch die gesetzliche Krankenversicherung genauso absagen wird, wie die gesetzliche Rentenversicherung aktuell absagt. Aber dann kann ich nur uns Allen wünschen, gesund zu bleiben. Selbst Steve Jobs war nicht imstande, sich die zweite Gesundheit zu kaufen...

Jahr	Reales Vermögen	Entnahme
64	103.592 €	-
65	97.640 €	6.900 €
66	91.630 €	6.900 €
67	85.561 €	6.900 €
68	79.432 €	6.900 €
69	73.243 €	6.900 €
70	66.993 €	6.900 €
71	60.683 €	6.900 €
72	54.310 €	6.900 €
73	47.875 €	6.900 €
74	41.376 €	6.900 €
75	34.814 €	6.900 €
76	28.188 €	6.900 €
77	21.497 €	6.900 €
78	14.740 €	6.900 €
79	7.917 €	6.900 €
80	1.027 €	6.900 €

Tabelle 4.3 Entwicklung des *realen* Vermögens während der Rentenzeit. Annahmen: Inflation 2% p.a. und Renditen 3% p.a.; jährliche Entnahme im Sinne der realen Kaufkraft: €575 * 12 = €6900

Auch die Transportkosten werden teuer, aber Gott sei Danke gibt es normalerweise die Preisemäßigungen auf Seniorenmonatskarten... Auch die Mieten werden höchstwahrscheinlich steigen, das diskutieren wir im nächsten Kapitel. Etwas vorgreifend: man muss aktuell bei dem Immobilienkauf sehr vorsichtig sein, aber eine Immobilie ist sehr guter Schutz gegen die (Hyper)inflation. Und was das Lebensmittel anbetrifft, manche werden teuer aber ich glaube, es gibt keine Gefahr, dass Du wegen der Inflation irgendwann hungern musst. Letztes Endes, gibt es auch Angebote in Supermärkten und als Student lebte ich unter dem Motto: was heute im Angebot ist, schmeckt besonders gut ☺. Für Obst und Gemüse war das sogar tatsächlich so: man reduzierte den Preis wegen guter Ernte, und gute Ernte bedeutet fast immer nicht nur „viel", sondern auch „schmackhaft".

Kapitel 5: Eigenheim (nicht nur) als Investment

Die Frage ob sich eigene Immobilie als Investment rentiert ist wohl noch umstrittener, als das Thema ob man den Aktienmarkt schlagen kann oder nicht. „Investment" bedeutet aber vor allem eine Betrachtung ausschließlich im Bezug auf die (risikoadjustierte) Rendite. Wir werden das nicht machen: wer mit Immobilie die Rendite als Investor erwirtschaften will, soll lieber einen Teil seines Kapitals in einen Immobilien-ETF investieren. Dann hat man keinen Aufwand mit Maklern, Notaren, Mietern, und so weiter und so fort.

In diesem Kapitel werden wir zwar die finanziellen Aspekte intensiv betrachten, wird es sich hier um Dein *Eigen*heim handeln, also wo *Du* (evtl. lebenslang) wohnen wirst. Unserer Meinung nach ist ein ausgewogenes Aktien- bzw. ETF Portfolio *und* das (gemütliche) Eigenheim die beste Lösung für die Altersvorsorge.

Der Erwerb eines Häusles (selbst wenn es eigentlich um eine kleine Wohnung geht) ist fast immer ein Big Deal. Deshalb werden wir diese möglichst ausführlich und allerseitig betrachten.

Die Immobilie erwirbt man normalerweise auf Kredit (Immobiliendarlehen). Wie Du wohl weißt, sind die aktuellen Zinsen für Baufinanzierung sehr niedrig.

Laufzeit	Zinssatz
5 Jahre	1,35%
10 Jahre	1,60%
15 Jahre	1,97%
20 Jahre	2,13%
Tabelle 5.1 Zinssätze in der Baufinanzierung, stand 28.02.2018 Quelle: Interhyp	

Die Tabelle 5.1 dient lediglich zur Orientierung. Dein individueller Zinssatz hängt von Deinen Bonität und Eigenkapitalquote, sowie nicht zuletzt von Deiner Bank ab. Dir ist schon bekannt, dass langfristig selbst eine „kleine" Zinsänderung eine sehr große Wirkung hat. Deshalb lohnt es sich immer, die Vermittler wie Interhyp oder Dr. Klein zu beauftragen. Klar, selbst wenn nicht Du, sondern die Bank die Provision zahlt, wird sie letzten Endes aus Deiner Tasche bezahlt. Aber nur wenn die Leistung stimmt, so wenn Du unter dem Strich profitierst, solltest Du nicht geizen! Denn die Alternative wäre, selber ein paar hundert Kreditinstitute anzurufen (ohne jegliche Ergebnisgarantie).

Beim Immo-Darlehen geht es fast immer um einen Ratenkredit, sprich, Du zahlst jeden Monat eine konstante Rate. Diese Rate besteht aus Zinszahlung und Tilgung. Zinszahlung ist der „schlechte" Anteil: das ist was Du der Bank zahlst. Und die Tilgung ist gut, da damit Dein Kapital aufgebaut wird. Das Verhältnis von Zins- und Tilgung-Anteilen ändert sich mit der Zeit: mit jeder Rate tilgt man mehr und zahlt weniger Zinsen.

Wie gesagt, sind die aktuellen Zinsen sehr niedrig. Aber

> Nicht zuletzt wegen niedrigen Zinsen haben wir sehr hohe Immobilienpreise. Betrachtet man *barwertig* den *sämtlichen* Effekt der Zinssenkung und Preisanstieg, sieht man in vielen Fällen: *vor einigen Jahren - bei höheren Zinsen und niedrigeren Preisen - waren die Immobilien günstiger als heutzutage!*

Eigentlich, besteht der einzele Vorteil der kleinen Zinsen daran, dass man auch mit einer kleinen Rate anfangen kann zu tilgen. Um alles verständlicher zu machen betrachten wir ein konkretes Beispiel.

Vor einigen Jahren habe ich eine Wohnung (im Reihenhaus) gemietet, die Kaltmiete betrug €850/mo und man konnte diese Wohnung für €250000 erwerben. Eigentlich, hat der Besitzer das ganze Haus verkauft und versuchte uns zum Kauf zu zwingen. Ich habe sein „Angebot" eindeutig abgelehnt. Meine Analyse war wie folgt:

1) Damals hatte ich nur eine befristete Aufenthaltserlaubnis und kaum Eigenkapital. Also, würde ich höchstwahrscheinlich gar keine Darlehenszusage damals bekommen und wenn schon, dann unter dem maximalen Zinssatz (damals 4% oder sogar mehr für 10 Jahre).
2) Eine höhere Rate als €850 konnte ich damals auch nicht zahlen, da mein Gehalt relativ klein war.

So habe ich den Tilgungsplan kalkuliert, er war wie folgt.

Monat	Restschuld	Rate	Zins	Tilgung
1	249980,5	850	830,5	19,5
2	249960,94	850	830,44	19,56
3	249941,3	850	830,37	19,63
4	249921,61	850	830,3	19,7
5	249901,85	850	830,24	19,76
6	249882,02	850	830,17	19,83
7	249862,13	850	830,11	19,89
...				
120	247128,63	850	821	28,97

Tabelle 5.2 Tilgungsplan beim Zinssatz 4% p.a. und Kreditsaldo €250000, Laufzeit 10 Jahre

Es lohnt sich auf jeden Fall die Zinszahlungen mit der Kaltmiete *barwertig*[86] zu vergleichen. Die Kaltmiete ist genauso eine „schlechte" Zahlung, weil Du davon nichts hast. Aber wie Du siehst, wäre die Zinszahlung (auch in 10 Jahren) etwa gleich der Kaltmiete! Dazu musste ich selber aller Reparaturkosten tragen, Grundsteuer (und Grunderwerbsteuer) zahlen, sowie das Zinsänderungsrisiko bei der Anschlussfinanzierung eingehen[87]. Und darüber hinaus würde die Immobilie mich immobil machen – nicht nur in direktem Sinne, sondern auch im Sinne meiner Karriere. In der Tat: wer einen Immobilienkredit hat und ein besseres Jobangebot bekommt, wird zehnmal überlegen müssen, da wenn es mit dem neuen Job nicht klappt, riskiert man im schlimmsten Fall bei einer Zwangsversteigerung zu landen! Alles das wollte ich nicht.

Nun sind 8 Jahre vorbei, das Haus kostet ca. €350000 und die Zinsen sind noch stärker gefallen. Aber nach wie vor bin ich der Meinung: *aus damaligen Sicht* lohnte sich der Kauf nicht (und *nachträglich* sind wir alle schau). Schauen wir mal, ob der Kauf sich heutzutade lohnt. Wie

---

[86] Aktuell, wegen niedriger Zinsen, ist der Zinsanteil *von Anfang an* fast immer kleiner als die Kaltmiete. Deshalb kann man eine (etwas gröbere aber auch aussagekräftige) Analyse auch ohne Barwertberechnung machen. Früher, als die Zinsen hoch waren und am Anfang die Zinszahlung die Kaltmiete überstieg (aber mit der Zeit wurde immer kleiner), war die barwertige Betrachtung ein Muss.

[87] Damals glaubte die Mehrheit, auch unter „Finanzprofies", an baldigen Zinsanstieg.

gesagt, beträgt der aktuelle Preis ca. €350000. Die Kaltmiete ist etwas gestiegen und beträgt €870 pro Monat[88]. Die Zinssätze können wir aus Tabelle 5.1 entnehmen: wir fangen mit dem „übligsten" 10-jährigen Darlehen an und dann schauen ob 15.- bzw. 20.-jährige Zinsbindung wirklich besser ist. Der Tilgungsplan würde wie folgt aussehen:

Monat	Restschuld	Rate	Zins	Tilgung
1	349595,51	870	465,51	404,49
2	349190,47	870	464,97	405,03
3	348784,9	870	464,43	405,57
4	348378,79	870	463,89	406,11
5	347972,13	870	463,35	406,65
6	347564,94	870	462,8	407,2
7	347157,2	870	462,26	407,74
...				
120	297399,95	870	396,01	473,99

Tabelle 5.3 Tilgungsplan beim Zinssatz 1.6% p.a. und Kreditsaldo €350000, Laufzeit 10 Jahre

Wie Du siehst, geht von Anfang an schon fast die Hälfte der Rate in der Tilgung! Das heißt:

> **Durch die *Umwandlung* der Monatsmiete in der Monatsrate kann man (bei niedrigen Zinsen) profitieren!**

Also, ohne jeglichen Zusatzaufwand – nur durch die schlaue Umwandlung – kann man so viel sparen! Dann, sofort kaufen?! Warte mal! Vor allem gibt es den Zusatzaufwand. Und zwar: der Grunderwerbsteuer (in Schwabenland 5%), sowie die Notargebühren (ca. 2%). In meinem Fall beträgt das €350000 * 7% = €24500. Der Häusle-Kauf ist immer ein langfristiges Projekt, früher als in 30 Jahren werde ich das nicht tilgen. Und wenn ich diese €24500 unter meine Zielrendite von 6% angelegt hätte, würde davon in 30 Jahren (ohne

---

[88] Der neue Besitzer, übrigens auch mit Russischer Abstammung, versuchte die Rate auf €1100/mo zu erhöhen. Er hat aber nicht berücksichtigt, dass er mit dem bekehrten Schwaben zu tun hat. Aber das Mieterhöhungsrisiko ist auch ein wichtiger Entscheidungsfaktor.

Kapitalertragsteuer) €140715 werden. Mit Steuer und ohne Freibetrag jedoch nur €89612...

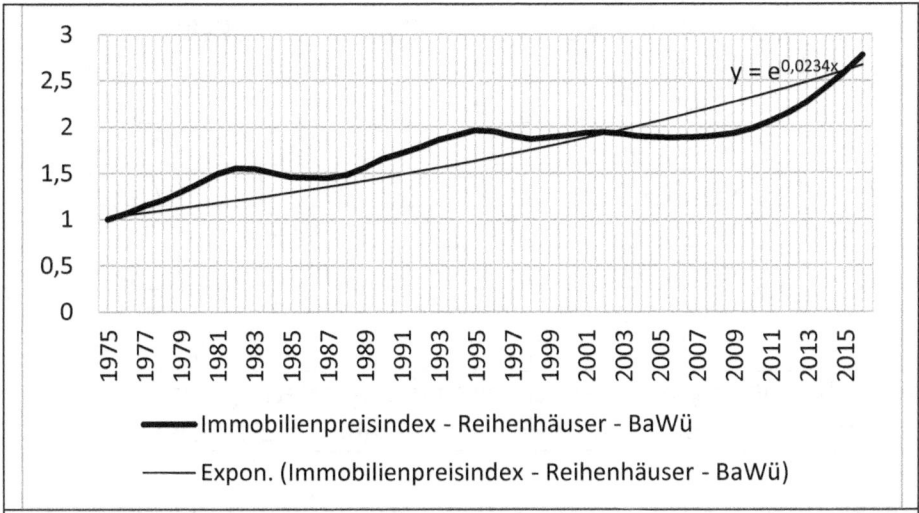

Abbildung 5.1 Immobilienpreisindex für Reihenhäuser mit exponentieller Trendlinie. Quelle: deutschlandinzahlen.de

Und wie würde der Preis meines Häusles in 30 Jahren wachsen? Schwer zu sagen, aber die Abbildung 5.1 sagt: eher mäßig, etwa ca. 2.3% p.a., also Inflationsausgleich aber nicht mehr! Und wenn man das enorme Wachstum während der letzten Jahren ausschließt, sogar noch weniger. Und dazu wird das Haus älter, was eine (drastische) Wertminderung verursachen kann: in meinem Beispiel auf jeden Fall, weil das Haus äußerst billig gebaut wurde. Last but not least, sind die Preise in meinem Dorf deswegen relativ hoch, weil Daimler in der Nähe ist. Was passiert, wenn Daimler bankrottgeht?! In „kleinen Detroit" will ich den Rest meines Lebens nicht verbringen!

Darüber hinaus, selbst wenn ich das Haus auch weiter unter 1.6% finanzieren könnte, bräuchte ich 48 Jahre um es komplett abzuzahlen! Beachte, vollständige Tilgung ist keine Voraussetzung, man kann auch noch nicht abbezahlte Immobilie mit Gewinn verkaufen (und sogar – nach dem Ablauf der Spekulationsfrist – steuerfrei). Aber es gibt keine Garantie, dass der Zinssatz bei dem Anschlussfinanzierung 1,6% bleibt. Stattdessen gibt es das Risiko, dass die Zinsen steigen. Und was passiert dann?! Und dann *shit happens!* Steigt der Zins z.B. von 1,6% auf 3.2%, wird der Zinsanteil deutlich steigen.

Und wenn der Zinssatz auf 4% steigt, braucht man eine monatliche Rate von fast €1000 nur um den Zinsanteil zahlen zu können!

Monat	Restschuld	Rate	Zins	Tilgung
1	297320,69	870	790,75	79,25
2	297241,23	870	790,54	79,46
3	297161,55	870	790,32	79,68
4	297081,66	870	790,11	79,89
5	297001,56	870	789,9	80,1
6	296921,24	870	789,68	80,32
7	296840,71	870	789,47	80,53
		...		

Tabelle 5.4 Tilgungsplan bei der Anschlussfinanzierung mit dem Zinssatz 3.2% p.a. und Kreditsaldo = Restschuld = €297399,95

Darüber hinaus wird wegen gestiegener Zinsen die Nachfrage auf Immobilien und folglich derer Preis fallen! Inwieweit, schwer zu sagen, aber mein Modell zeigt: ca. um €93000!

Aufgabe: Lese den folgenden Artikel und probiere anhand des eingebetteten Risikorechners die unterschiedlichen Szenarien mit verschieden Parameter-Konstellationen (Ratenhöhe, Sondertilgung und insb. neuer Zins für Anschlussfinanzierung) zu kalkulieren!

https://letyourmoneygrow.com/2016/11/20/warum-sie-auserst-vorsichtig-bei-immobilienkauf-sein-mussen/

Aber wahrscheinlich kann mich eine *längere Zinsbindung* vor dem Zinsänderungsrisiko schützen?! Mit kleiner *monatliche Rate* – nicht wirklich! Längere Zinsbindung wird nicht kostenlos angeboten, sondern wird sie mit höherem Zinssatz bezahlt! Schau mal die Alternativen mit 15 und 20 Jahren Zinsbindungsfrist. Die Restschuld am Ende ist nur etwas kleiner als bei 10-jähriger Zinsbindung (vgl. Tabelle 5.3)! Und das Risiko, dass der Zins in 15 bzw. 20 Jahren steigt ist natürlich höher, als das Risiko in 10 Jahren[89].

---

[89] Je weiter in Zukunft, desto mehr Entropie und Unsicherheit.

Monat	Restschuld	Rate	Zins	Tilgung
1	349688,61	870	558,61	311,39
2	349376,72	870	558,11	311,89
3	349064,33	870	557,61	312,39
4	348751,44	870	557,11	312,89
5	348438,05	870	556,61	313,39
6	348124,16	870	556,11	313,89
7	347809,77	870	555,61	314,39
...				
180	285103,89	870	455,44	414,56

Tilgungsplan: Saldo €350000, Zins 1.97%, Bindung 15 Jahre

Monat	Restschuld	Rate	Zins	Tilgung
1	349749,71	870	619,71	250,29
2	349498,97	870	619,26	250,74
3	349247,78	870	618,82	251,18
4	348996,15	870	618,37	251,63
5	348744,08	870	617,92	252,08
6	348491,55	870	617,48	252,52
7	348238,58	870	617,03	252,97
...				
240	275187,73	870	487,59	382,41

Tilgungsplan: Saldo €350000, Zins 2.13%, Bindung 20 Jahre

Dazu kommt nicht selten vor, dass die Restschuld bei einer längeren Zinsbindung höher ist als bei einer kürzeren!

> **Durch die längere Zinsbindung bekommt man nur dann Sicherheit, wenn man sehr viel tilgt: am besten so, dass man am Ende keine Restschuld hat!**

Aber die Restschuldfreiheit ist nur mit der höhen Monatsrate bzw. Sondertilgung möglich! Mit Sondertilgung muss man aber vorsichtig sein: nicht immer kann man es leisten[90] und längst nicht immer ist es optimal[91], von Deinem Sondertilgungsrecht Gebrauch zu machen.

---

[90] Z.B. wenn die jährlichen Boni ausfallen
[91] Im Vergleich zu den Alternativen. Dabei meine ich nicht nur die Investment in Aktien, sondern auch das folgende: ich habe noch alten Bausparvertrag mit 2%

Nun fassen wir alle wichtigsten Zahlen (und zusätzliche Fakten) zusammen.

1) Durch die clevere Umwandlung der monatlichen Kaltmiete in die Monatsrate kann ich €52600 (summe aller Tilgungen), abzgl. €24500 (Grunderwerbsteuer und Notargebühren) innerhalb von 10 Jahren, also €28100 sparen.
2) Hätte ich diese €24500 unter 6% für 10 Jahren angelegt (was durchaus realistisch ist), wäre es am Ende €37748 (das ist unter Berücksichtigung von den Steuern und ohne Freibetrag; mit jährlichem Freibetrag von €801 wäre es sogar €40335).
3) Mit dem gesunden Optimismus kann ich hoffen, dass die Alterung/Wertminderung meines Hauses durch die Immobilienpreissteigerung ausgeglichen wird. Auf weitere Preissteigerung zu hoffen wäre überoptimistisch: die Immobilien sind schon fast unbezahlbar, weswegen sollen die Preise dann weiter steigen?
4) Es gibt ein wesentliches Sonderrisiko: wenn der Daimler schlecht geht, werden die Immobilienpreise im Umgebung fallen. Das Risiko ist nicht zu unterschätzen, allein deswegen, weil immer wenn eine Krise kommt, leidet die Automotivbranche stark: das neue Auto ist das letzte, was man in der Krise kauft.
5) Mit dem Hauserwerb schützte ich mich gegen die Mieterhöhungen. Aber bisher ist es mir auch so gelungen.
6) Zinsänderungsrisiko ist groß. Verdoppelt sich der Zins in 10 Jahren (und das ist kein so unwahrscheinliches Szenario), werde ich nichts tilgen können ohne die Rate zu erhöhen. Darüber hinaus wird der Hauspreis um ca. €93000 fallen, also wenn ich notfalls das Haus verkaufen muss, wird mein Verlust €28100 - €93000 = €64900 betragen.
7) Die längere Zinsbindung (ohne Ratenerhöhung bzw. Sondertilgung) hilft gegen das Zinsänderungsrisiko nicht. Dabei ist eine höhere Rate auf jeden Fall zu gefährlich (wegen u.a.

Verzinsung p.a. Offensichtlich ist es für mich besser, bei diesem Vertrag aufzustocken, als den Kredit mit 1.6% zu tilgen.
Generell liegt das Problem der optimalen Sondertilgung im Bereich von *impliziten Optionen* und lässt sich nur mittels sehr komplexer Mathematik lösen.

Arbeitslosigkeitsrisiko[92]). Und die Sondertilgung ist häufig nicht sinnvoll, da man bessere Alternative für Geldanalage hat.
8) Selbst wenn der Zins auch bei der Anschlussfinanzierung auf 1,6% bleibt, brauche ich 48 Jahre um komplett zu tilgen.
9) Das Haus ist wirklich scheißgebaut (billig und unbequem). Lebenslang will in solchem Haus nicht wohnen.

Die Folgerung ist m.E. offensichtlich: der Kauf lohnt sich in diesem Fall nicht, und nicht zuletzt wegen 8). Und beachte, selbst wenn es anders wäre, musste ich sowieso wegen 7) höchstwahrscheinlich verkaufen!

Aus obigem (Gegen)beispiel folgt natürlich nicht, dass sich der Immobilienkauf als Altersvorsorge generell nicht lohnt. Immobilien haben auch Vorteile, vor allem als Schutz gegen die (Hyper)inflation, welche – unter Berücksichtigung davon, wie die EZB das Geld druckt – gar nicht ausgeschlossen ist.

Mit dem Zusammenbruch der Sowjetunion brach auch die Hyperinflation aus. Fast alle haben dadurch gelitten bis auf diejenigen, welche private Wohnungen gekauft haben (das war in UdSSR zwar nicht üblich aber möglich). Diese „Glückspilzen" haben Ihre Hypotheken mit einem Monatsgehalt getilgt. Auch in Deutschland gab es sowas in den Zeiten von Weimarer Republik.

Deshalb wäre meine Empfehlung zu versuchen, ein *bezahlbares Grundstück ohne Baupflicht* zu kaufen.

Lies wie ich selbst das getan habe unter

https://letyourmoneygrow.com/category/haeuslebau/

Die Grundstücke haben im Vergleich zu den schlüsselfertigen Immobilien die folgenden Vorteile:

1) Man zahlt die Grunderwerbsteuer und Notargebühren nur für das Grundstück. Das ist ein großes Ersparnis, insb. unter

---

[92] Um auf Zwangsversteigerung zu gelangen reicht der Ausfall von zwei monatlichen Raten.

Berücksichtigung davon, dass man dieses Geld in die Aktien langfristig anlegen kann.
2) Historisch steigen die Grundstückpreise stärker als die Hauspreise (Abbildung 5.2). Und noch wichtiger ist, dass die Grundstücke nicht unter der Alterung/Wertminderung leiden.
3) Manchmal lohnt es sich finanziell, zuerst das Grundstück abzuzahlen und erst dann mit dem Hausbau anzufangen: vor allem Dann wenn Du wenig Eigenkapital mitbringen kannst oder willst. Beispielsweise sei der Grundstückpreis €100000, die Baukosten seien €300000 und Dein Eigenkapital sei €20000. Von Deinem Eigenkapital musst Du die Grunderwerbsteuer und die Notargbühren bezahlen, also bleibt davon €13000 übrig. Im Vergleich zu €400000 ist das wirklich nichts, deshalb wenn Du den Grundstückerwerb und den Bau auf einmal finanzieren willst, wird die Bank davon ausgehen, dass Dein Darlehen ungesichert ist. Dann kriegst Du *deutlich* höheren Zins (mir wurde mal fast der verdoppelte Zinssatz angeboten). Hingegen, wenn Du erstmals nur das Grundstück kaufst, ist 13% vom Eigenkapital keine schlechte Absicherung, so kriegst Du den marktüblichen Zinssatz. Und sobald Du Dein Grundstück (teilweise) abbezahlt hast, sollte Dein Baukredit günstiger werden, denn Dein Grundstück ist dein Eigenkapital.
4) Man kann grundsätzlich das bauen, was man will[93]. Das betrifft auch die Finanzierungsseite: generell hilft die Einliegerwohnung das Haus schneller abzubezahlen.
5) Bei einer Mehrfamilienhaus entstehen häufig Konflikte (und diese musst Du nicht unterschätzen, rede mal mit Deinen bekannten Wohnungseigentümer)!

Es gibt natürlich auch die Nachteile:

1) Um die Kaltmiete in der monatlichen Rate umwandeln zu können muss man zuerst bauen. Soweit man mit dem Bau nicht fertig ist[94], zahlt man sowohl seine Miete als auch die Darlehensrate.
2) Der Bau kann sehr stressig sein! Man muss die Baufirma ständig kontrollieren!

---

[93] Und was die Gemeinde erlaubt. Manche erlauben z.B. nur das Satteldach.
[94] Und glaub mir, der Bau *wird* länger als geplant dauern ☺.

3) Es ist sehr schwer (zumindest in Schwabenland) ein passendes Grundstück zu finden.

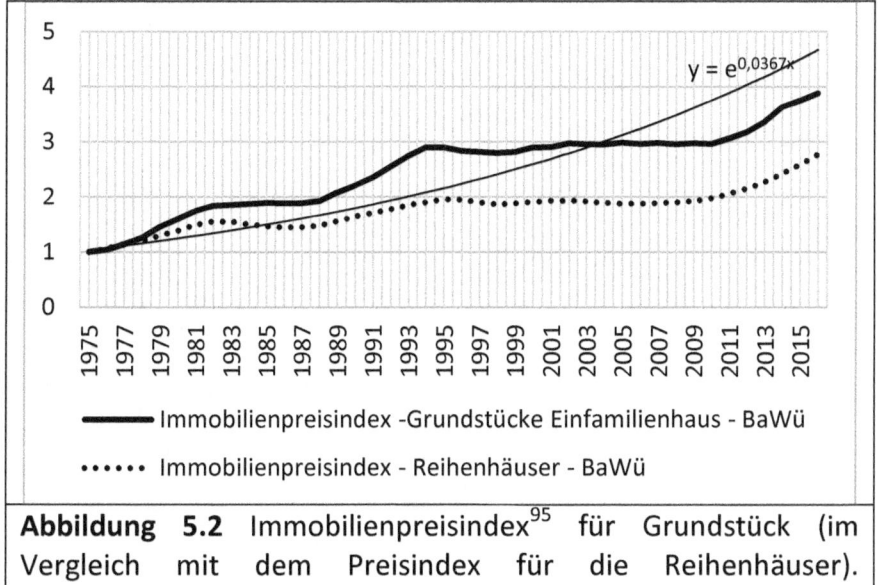

Abbildung 5.2 Immobilienpreisindex[95] für Grundstück (im Vergleich mit dem Preisindex für die Reihenhäuser). Quelle: deutschlandinzahlen.de

Deshalb muss ich ehrlich sagen: ich habe nur deswegen gekauft, weil meine Frau das Grundstück leidenschaftlich gesucht (und gefunden) hat und sie ist bereit, sich mit dem Bau zu beschäftigen. Darüber hinaus ist mein Schwiegervater Handwerker von Beruf und er hat damals sein eigenes Haus in UdSSR gebaut: so können die Beiden auf die Bauarbeiten gut aufpassen. Diesen Aufwand solltest Du in keinem Fall unterschätzen! Aber wenn Du dafür bereit bist und ein gutes (und bezahlbares Grundstück im Visier hast), dann los geht's! Und bitte achte darauf, die Rate klein zu halten (so dass Du diese evtl. aus ALG I bedienen kannst)! Sicher ist sicher und wenn Du möglichst schnell tilgen will, spreche lieber die höhere Sondertilgung als die höhere Rate ab!

---

[95] Leider gibt es keine Statistiken für die einzelnen Landkreise und Orte, zumindest habe ich keine gefunden. So repräsentiert dieser Index den Mittelwert über das ganze Bundesland. Das kann leider wie die durchschnittliche Körpertemperatur im Krankenhaus sein: manche sind schon Leihen, manche haben Fieber, die durchschnittliche Körpertemperatur ist aber 36,6 °C.
Deshalb musst Du vor dem Kauf selber eine Aufklärung machen. Vergiss nicht, der (zukünftige) Immobilienpreis ist durch drei Faktoren definiert: Lage, Lage und ~~Lage~~ Zinsniveau.

www.ingramcontent.com/pod-product-compliance
Lightning Source LLC
Chambersburg PA
CBHW070202230526
45471CB00002B/786